THINK AND GROW RICH

思考致富

获取财富的13条白金法则

[美] 拿破仑 · 希尔（Napoleon Hill）著
[美] 亚瑟 · 佩尔博士（Dr. Arthur R. Pell） 增订
朱园园 译

CNS PUBLISHING & MEDIA 中南出版传媒
湖南文艺出版社 HUNAN LITERATURE AND ART PUBLISHING HOUSE
博集天卷 CS-BOOKY

图书在版编目（CIP）数据

思考致富：获取财富的 13 条白金法则 /（美）拿破仑·希尔（Napoleon Hill）著；
朱园园译 . — 长沙：湖南文艺出版社，2016.7
书名原文：Think and Grow Rich
ISBN 978-7-5404-7660-1

Ⅰ . ①思… Ⅱ . ①拿… ②朱… Ⅲ . ①成功心理 – 通俗读物 Ⅳ . ① B848.4–49

中国版本图书馆 CIP 数据核字（2016）第 139542 号

著作权合同登记号：图字 18–2016–017

上架建议：成功学 · 励志经典

SIKAO ZHIFU：HUOQU CAIFU DE 13 TIAO BAIJIN FAZE
思考致富：获取财富的 13 条白金法则

作　　者：［美］拿破仑 · 希尔
译　　者：朱园园
出 版 人：刘清华
责任编辑：薛　健　刘诗哲
监　　制：毛闽峰　李　娜
策划编辑：李　娜
文案编辑：吕　晴
营销编辑：贾竹婷　雷清清
版权支持：闫　雪
封面设计：仙　境
出版发行：湖南文艺出版社
（长沙市雨花区东二环一段 508 号　邮编：410014）
网　　址：www.hnwy.net
印　　刷：北京天宇万达印刷有限公司
经　　销：新华书店
开　　本：880mm × 1270mm　1/32
字　　数：230千字
印　　张：9
版　　次：2016年7月第1版
印　　次：2016年7月第1次印刷
书　　号：ISBN 978-7-5404-7660-1
定　　价：42.00元

质量监督电话：010–59096394
团购电话：010–59320018

目录

contents

第二章　致富第 1 步——愿望：所有成就的起点

我们唯一的限制是那些我们在自己的心中树立起来的限制。

所有的成就，不管其本质是什么，有什么样的性质和目的，必须开始于对某些事物强烈的、熊熊燃烧的愿望。通过一些奇怪和强大的“精神化学作用”，强烈的愿望绝对不会承认“不可能”这样的词语存在，并且不会接受失败的现实。

第三章　致富第 2 步——信心：清晰可见的信心，对愿望的信心

信心是所有财富积累的起点，是“永恒的万能灵药”。信心和思想的震动融合的时候，潜意识会立即发生作用，赋予突发奇想以生命、力量和行动，通过祈祷和愿望的形式，产生无穷无尽的智慧。

第四章　致富第 3 步——自我暗示：影响潜意识的媒介

任何通过五种感官到达大脑的自我建议和自我激励的措施，都可以被称为自我暗示。换一种说法，自我暗示就是自我建议。

潜意识就像是一片肥沃的土壤，如果不主动种上理想作物的种子，那么杂草就会肆意丛生。自我暗示就是一个自我控制的机制，通过它，一个人可以在潜意识中种下创造性的意念。

第五章　致富第 4 步——专业知识：个人的经验或见解

一直以来，大多数人都有一个错误的认知，那就是“知识就是力量”。其实根本就不是一回事儿。知识只是潜在的力量。只有在它能够被一个确定的行动计划所组织，并且被导向一个明确的结果时，知识才是力量。

第六章　致富第 5 步——想象力：智慧的工厂

构想是一切财富的起始点。

有人说，一个人可以创造出任何他能够想象到的东西。只要伸出手来，一个人就有可能触摸到产生想象力的刺激因素。在想象力的帮助下，过去50年间，人类已经发现并利用了很多来源于大自然的力量，这比之前整个人类发展史上运用的总和还要多。

第七章　致富第 6 步——组织计划：让愿望转变成行动

精心设计的计划，对任何想要成功积累财富的人来说，都是关键性的因素。如果没有切实可行并且能够发挥作用的计划，那么就算是最聪明的人，也不能实现自己积累金钱的愿望——他们也没有办法兑现任何其他的承诺。

第八章　致富第 7 步——决心：战胜拖延症

生活中各行各业的领导者都会迅速并且坚定地做出决定，这是他们能够成为领导者的主要原因。对那些通过言行表明知道自己要去往什么方向的人，世界会习惯地为他们开路。

第九章　致富第 8 步——毅力：不懈是信心的源泉

是什么神秘的力量能够让充满毅力的人们克服一切困难呢？人们所拥有的毅力，是不是在心中形成了某种形式的精神、心灵或者化学活动，让人们能够获得超自然的力量呢？即使战斗已经失败，整个世界都已经向对手倾斜，那些仍然坚持的人会不会有无穷的智慧不断地涌入他们的头脑中呢？

第十章　致富第 9 步——智囊团的力量：驱动力

力量对财富的积累来说是必需的！力量指的是“有组织的努力”，它足够让一个人将愿望变成金钱对等物。有组织的努力是

第十一章　致富第 10 步——性转换的神秘

第十二章　致富第 11 步——潜意识头脑：连接链

第十三章　致富第 12 步——大脑：思想的发送站和接收站

我们正在进入所有时代中最奇异的时代。这个时代将使我们知道，在我们周围的世界中存在着无形的力量。在我们经历这个时代之际，也许我们将知道，另一个我比我们照镜子时所见的有形的“我”更具有力量。

第十四章　致富第 13 步——第六感：智慧殿堂之门

第六感就是潜意识中被称为创造型想象力的那部分。它同时还被认为是一种接收装置，用来接收那些突然闪现到脑海中的创意、计划和想法。

借助第六感，对即将发生的危险，你将会及时得到警示，从而将其规避，并且在机遇到来时，你也能够感知并抓住它。

第十五章　清理致富的大脑——如何战胜六大恐惧

本章的目的主要是分析六种基本恐惧的原因和补救方法。在征服“敌人”之前，我们必须知道它的名称、特性和所在的位置。

阅读时，请仔细分析一下自己，并检查这六种常见的恐惧中是不是有哪种附在你的身上。

第十六章　第七种恐惧——魔鬼的工厂

你目前能够绝对掌控在手里的只有一样东西，那就是你的思想。在我们人类所有已知的事物当中，思想是最具有意义和鼓舞精神的！思想深深地反映了我们人类天生享有的神圣的特殊权利。这个特权是你能够控制自己命运的唯一的途径。

原版自序

The Original Preface

《思考致富》中的每一章都提到了致富的秘诀。经过多年分析，我发现这个秘诀已经使超过 500 人获得了惊人的财富。

25 年前，安德鲁・卡内基引发了我对这个秘诀的注意。当我还是个孩子的时候，这位精明可爱的苏格兰老人悄悄把这个秘诀植入我脑中。当时他靠在椅子后背上，用愉悦的目光认真地打量着我，看我能否领会他话语中的全部内涵。

他看出我明白了他的意思，然后问我是否愿意用 20 年甚至更长的时间，把这个秘诀传授给世人，让他们成功地度过一生。我说我愿意。然后，在卡内基先生的帮助下，我一直信守着自己的承诺。

本书中的秘诀接受了成千上万人的实践检验，实践对象几乎遍布各行各业。卡内基先生认为，那些无暇研究如何致富的人，也应该了解这个给他带来巨大财富的神奇秘诀。他希望通过各种人的实践，检验并证明这个秘诀的可靠性。他认为，所有的公立学校和大学都应该讲授这个秘诀。如果讲授得法，它将给整个教育制度带来一场革命，使学校教育的时间减少一半以上。

卡内基先生和查尔斯·施瓦布[①]以及其他相同类型人们的经验，让他相信，学校所教授的东西，无论是对谋生还是积累财富，都是没有任何价值的。他之所以会有这样的认知，是因为在他的下属之中，有很多人都是几乎没有接受过任何教育的，但是他还是指导他们运用这个公式，培养出各自的领导力。此外，遵循他指导的每一个人都积累了财富。

在“信心”一章中，你会读到一个令人惊讶的故事：庞大的美国钢铁公司的创建构想和实施，竟然出自一个年轻人之手，而他正是卡内基先生秘诀的实践者之一。这个故事证明，卡内基先生的秘诀将适用于任何准备接受它的人。这个秘诀的简单运用，给查尔斯·施瓦布先生带来了巨大的财富和机会。粗略计算，这个秘诀的应用创造了 6 亿美元的价值。

这些事实——认识卡内基先生的人几乎都知道这些事实——会明确告诉你这本书对你意味着什么，前提是你要知道自己想要的是什么。

在这些事实经过实践检测之前，这个秘诀就已经被传授给超过 10 万个男人和女人，他们都因此获得了个人利益，就像卡内基先生所设想的那样。**运用这个秘诀，有的人发了财，有的人成功实现了家庭生活的和谐。**

我所说的秘诀在本书中会被提到上百次。但至今我还未直接提及它的名称，因为只有将它呈现出来时，那些正在寻觅它而且已经准备好

① 查尔斯·施瓦布，美国早期工业家，伯利恒钢铁公司创始人。——编者注

接受它的人才能俯拾即是，为自己所用。正因为如此，当卡内基先生不动声色地把这个秘诀传授给我时，并没有说出其具体名称。

如果你准备让这个秘诀为你所用，那么在每一章你都会找到它。如果你想知道这个秘诀是什么，我很乐意告诉你，但这样会剥夺你用自己的方式去发现它的乐趣。

在写作这本书的过程中，我的儿子正在学院读最后一年书，他恰巧翻了翻第二章的手稿，并且发现了可以为自己所用的秘诀。他对于书中所传递信息的理解非常透彻，因此在毕业之后，他得到了一份比平均水平要高的起薪。他的故事将在本书第二章中介绍。**如果你也曾经灰心丧气，如果你有无法克服的思想障碍，如果你的努力换来的是失败，如果你在忍受病痛的困扰，那么我儿子对卡内基秘诀的理解和运用，会让你发现一片你苦苦寻找的希望绿洲。**

这个秘诀在第一次世界大战中曾被伍德罗·威尔逊广泛运用。他将这个秘诀精心地隐藏在训练中，让每一个参战士兵在上前线前都接受了它的指导。威尔逊总统告诉我，在募集战争经费时，这个秘诀发挥了巨大的作用。

早在20世纪，曼努埃尔·路易斯·奎松（当时驻菲律宾群岛的专员）被这个秘诀所鼓舞，他为菲律宾人民争得了自由，并且作为第一任总统继续领导他们。

这个秘诀的特别之处在于，那些掌握它并使用它的人从此一路走向成功。如果你还有所怀疑，可以研究那些我提到的用过此道的人，无论我在哪里提到的例子，都能验证这条真理。你可以亲自查询他们的记录，然后就会心悦诚服。

当然，世上没有免费的午餐！

如果不付出任何代价，也无法得到我所说的秘诀，但是这个代价绝对物超所值。无意寻找它的人，付出的代价再大，也始终得不到它。它无法由馈赠得来，也非金钱所能买到，因为它包含了两个部分。那些准备接受它的人已经拥有了其中的一个部分。

这个秘诀对那些准备接受它的人来说效力均等，与受教育程度无关。在我出生前很久，这个秘诀已经为托马斯·爱迪生所用。虽然只受过3个月的学校教育，但他巧妙地运用这个秘诀，成了世界著名的发明家。

爱迪生的商业伙伴埃德温·巴恩斯也得到了这个秘诀。当时他的年收入只有1.2万美元，但成功运用秘诀后，他挣得了大笔财富，并在壮年之际就功成身退。本书第一章开篇就讲述了他的故事。它会告诉你，财富并非遥不可及，你仍可以做你想做的，只要你愿意又有决心，金钱、名誉、地位和幸福，你就都能得到。

我是怎么知道这些的呢？读完本书前，你就会知道答案。对你来说，答案可能在第一章，也可能在结尾。

应卡内基先生的要求，我做了20年研究，分析了数百位知名人士的成功经验。他们中很多人都承认，在卡内基的秘诀指导下，他们积累了巨大的财富。这些人有：

亨利·福特、西奥多·罗斯福、小威廉·瑞格利、约翰·沃纳梅克、詹姆斯·杰罗姆·希尔、威尔伯·莱特、威廉·詹宁斯·布莱恩、伍德罗·威尔逊、威廉·霍华德·塔夫脱、艾伯特·加里、金·坎普·吉列、亚历山大·格雷厄姆·贝尔、约翰·戴维森·洛克菲勒、托马斯·爱迪生、弗兰克·温菲尔德·伍尔沃思、克莱伦斯·丹诺。

这些名字只代表了数百位美国知名人士的一小部分。他们无论是在个人财富还是其他方面取得的成就都证明，对卡内基秘诀的理解和运用帮助他们到达了生活的巅峰。我从未听说过有人受到这个秘诀的点拨，运用了这个秘诀，却未能在自己选定的行业里取得任何令人瞩目的成就。

我也从未见过什么人不运用这个秘诀就能出人头地,或累积到什么财富。从以上两个事实可以得出结论：作为想成就大事的人必备的知识，这个秘诀要胜过人们通常所说的“教育”。

那么，什么是教育呢？本书做出了详细解答。说到教育，这些人当中有很多人几乎没有接受过教育。约翰·沃纳梅克曾告诉我说，因为他没有接受过教育，所以他获得知识的方式，完全是在现实生活当中不遗余力地去汲取。亨利·福特从来没有上过高中，更不用说上大学。我并不是想要最大限度地贬低教育的价值，而是想表达一个诚挚的信念，即：那些掌握和运用了这个秘诀，到达了很高的位置，积累了大量财富的人，即使在接受教育方面几乎是空白，也还是以自己的方式获得了成功。

如果你已经做好准备，那么我所说的这个秘诀就会跃然纸上，出现在你的脑海！那时，你就会真正认识它。无论是在第一章还是最后一章，只要它出现在你的眼前，就停下来，因为这一刻是你人生中的重大转折。

在读本书的时候，还要记住，本书所说的都是事实，而非虚构，其目的是为那些准备接受它的人提供一条放之四海而皆准的真理，让他们知道该做什么、如何去做。他们还会从书中得到激励，从而开始自己的行动。

在你开始读第一章之前，我想提一个小小的建议，作为你寻找卡内基秘诀的线索。我的建议是：所有的成就、所有辛苦得来的财富，都有其意念源泉！如果你已经准备去寻找它，那么你已经拥有了这个秘诀的一半。因此，另一半一旦出现在你的面前，你会立即认出它来。

拿破仑·希尔

1937 年

新版前言

Foreword to the New Edition

当《思考致富》这本书在 1937 年出版时，它被誉为那个时代具有最伟大灵感的书。对于在生活和视野中追求成功的男男女女来说，这本书和戴尔·卡内基的《人性的弱点：如何赢得朋友及影响他人》、诺曼·文森特·皮尔的《积极思考的力量》都是必读书目。

这本书卖出了超过 1500 万本，对于上百万逃离了大萧条时代的贫困，想要为自己和家人还有他们的员工获得成功的人来说，这本书就是指路明灯。

拿破仑·希尔是谁，他的哲学来源又是什么呢？

拿破仑·希尔 1883 年出生在美国弗吉尼亚州的一间小木屋中，来自一个贫困家庭。靠着自己的努力，他克服了贫困，努力接受教育，最终，成为那个时代最务实的人才。

13 岁的时候，他开始为一家小城镇的报纸担任特约通讯员——就是记录在他所生活的地区发生的故事。因为自己就有努力克服贫困的经历，所以他对于人们为什么会在生活中遭遇经济上和精神上的失败很感兴趣。

为了谋生，他选择了法律和新闻行业。早年担任记者所赚来的钱，让他完成了法学院的学习。当他被赋予一项写一系列名人成功故事的任务时，人生的转折点也到来了。

在这一系列成功人士当中，他采访的其中一位是安德鲁·卡内基，世界著名的钢铁大王。卡内基先生对这位年轻的记者留下了深刻的印象，于是，他交给希尔一个项目，而这主导了希尔未来 25 年的生活。这个项目就是采访超过 500 位百万富翁，寻找可以为普通人所用的成功公式。

受访者包括当时最伟大和最富有的人。其中有托马斯·爱迪生、亚力山大·格雷厄姆·贝尔、亨利·福特、查尔斯·施瓦布、西奥多·罗斯福、小威廉·瑞格利、约翰·沃纳梅克、威廉·詹宁斯·布莱恩、乔治·伊士曼、伍德罗·威尔逊、威廉·霍华德·塔夫脱、约翰·戴维森·洛克菲勒、弗兰克·温菲尔德·伍尔沃思和很多现在可能不是众所周知的大人物。

在这一时期，安德鲁·卡内基成为希尔的导师，通过借鉴那些被采访者的经验和思想，帮助他创造了成功哲学。

《思考致富》这本书的成功，也让希尔开始了为商业领袖担任顾问的漫长职业生涯，同时他还写了几本书，并成了一个百万富翁。

在经历了漫长而成功的职业生涯后，1969 年，拿破仑·希尔逝世。他的著作对那些想要取得个人成就的人来说就是一个路标，影响了读者几乎 70 年的时间。

更新一本经典著作是一项艰巨的任务。笔者的基本哲学思想不能被改变。它必须是拿破仑·希尔的书，而不是我的。这就和一位艺术家试图修复一幅古典名画一样，在我看来，两者的方式相同。艺术家需要去除画作上的灰尘和污垢，同时要避免对画作造成过大的变更。然后艺术家要根据原作的创造风格，用最细微的笔触，来给这幅画作增添一些光彩。

更新一本经典著作的方法也是类似的。我仔细研读了这本书尤其是其中的故事，删掉了其中对于20世纪30年代的读者来说也许有意义，但对于21世纪的读者几乎没有意义的逸事，加入了一些新的例子，大多是时间更靠近当代的一些成功人士的经历。它们也能够说明拿破仑·希尔已经发现的成功法则。

在下面的章节中，通过希尔原版和新增的成功人士的故事，你将学习到这些法则。这些成功人士包括卡内基、爱迪生、福特和其他几位19世纪末、20世纪初的巨头，还有我们更为熟悉的，像比尔·盖茨、玫琳凯、阿诺德·施瓦辛格、雷·克洛克、迈克尔·乔丹等21世纪顶尖的成功者。

拿破仑·希尔已经证明有效的致富步骤对于今天的读者，与对于他那个时代的人一样有效。所有人都能够阅读、理解和运用这一理念，更好地吸引财富，享受更高的生活质量。但是这必须是对那些一直准备好接受的人才能起作用。

因此，当你想要积极地遵循拿破仑·希尔的法则，在你的生活方式上做出重大改变时，请做好准备，它会使你享受更为和谐与默契的生活，并让你加入富人的行列。

奥瑟·佩尔博士

第　一　章

思考的力量

我们之所以是自己命运的主宰，是自己灵魂的领航者，就是因为我们能够控制自己的思想。

我们的大脑会被头脑中的主导思想所吸引。而且，通过大多数人都不了解的方式，这种吸引力会将我们引向与自我意念一致的力量、人和环境。这些“磁体”和我们主导思想的本质相协调。

怀揣着与托马斯·爱迪生成为搭档愿望的一个男人

说真的，**“思考就是那个东西”，而且是具有强大力量的东西，**尤其是当它和极其坚定的目的、毅力，为实现财富、自由而熊熊燃烧的愿望或者其他实际的东西相结合的时候，力量会更大。

埃德温·巴恩斯发现，如果一个人真的按照《思考致富》这本书中所说的来做，就会产生令人讶异的真实效果。他的发现并不是通过一次实验或者一次观察就得来的，而是一点儿一点儿被揭示出来的。而所有这一切，则是从他萌生出想要成为大发明家爱迪生助理的强烈愿望开始的。

巴恩斯的这一愿望，其最主要的特征就是它是非常明确的。他想要和爱迪生一起工作，而不仅仅是为他工作。如果你能够细心研究巴恩斯是如何将自己的愿望变成现实的，你就会更好地理解通向财富之路的13个步骤。

当这个愿望或者思想的冲击，最初闪过他的脑海时，巴恩斯还没有资格来采取行动。在他开始行动的路上有两头拦路虎，第一是他不认识爱迪生先生，第二是他没有足够的钱购买去新泽西州奥兰治的火车票。

像这样的困难往往会让大部分人不敢再去努力实现自己的愿望，从而没有做任何尝试就决定放弃。但是对巴恩斯来说，这不是普通的愿望。他对实现这一愿望的信心十分坚决，以至于最终他决定通过一种特殊的方式去奥兰治，那就是“铁路上的铁闷子车”，幸好，他没有被困难所击败！（对于从来没有尝试过的门外汉来说，这意味着他要搭乘一列货运火车去东奥兰治。）

当他终于到达爱迪生先生的实验室后，他做了自我介绍，并且宣称他是来和这位发明家做生意的。10 年之后，当回忆起和巴恩斯的第一次会面，爱迪生先生说："他就站在那里，在我的面前，看上去就像一个普通的流浪汉，但是他表情中透露出来的某些东西似乎在向我传递一种印象，他对于自己到这里之后想要得到什么有着一种坚定的信念。凭借这么多年和人打交道的经验，我已经了解到，**当一个人对某件事情的渴望特别深切的时候，他会愿意将自己的整个未来都投入这一件事情上去，就是为了得到它，他很确定自己会获得成功**。所以，我给了他这个急需的机会，因为我看到他已经打定主意，一定会坚持到成功为止。随后发生的事情也证明了我这个决定是完全正确的。"

那一次，年轻的巴恩斯对爱迪生所说的事情远远超过了他自己所认为的那么重要。这是爱迪生后来自己这样评价的。并不是因为巴恩斯找到了爱迪生，出现在爱迪生面前，就能让他开始在爱迪生办公室工作，这一行为只给巴恩斯带来不利。巴恩斯的想法和思考才是起到作用的关键因素。如果这一陈述的重要性可以被准确地传递给每一个阅读它的人，那么这本书的其他部分就没有存在的必要了。

第一次和爱迪生会面之后，巴恩斯并没有得到与他一起合作的机会。他确实得到了一个在爱迪生办公室工作的机会，并且工资非常可观。这个工作对爱迪生来说不是那么重要，但对巴恩斯却是最重要的工作，因为这给予他在未来的"合作伙伴"面前充分展现自己才能的机会，爱迪生可以看到他的作为。

几个月过去了。显然，对于所预期的令人垂涎的目标而言，什么都没有发生。巴恩斯已经在心中建立了自己明确的、主要的目标，但是他的想法又加入了一些重要的新东西。他不断加强自己的愿望，想要成为爱迪生的商业合作伙伴。

心理学家们曾经实事求是地说过：**“当一个人真正准备好做一件事情的时候，这件事情就会展露出来。”**巴恩斯已经准备好了与爱迪生的商业合作；此外，他决心继续准备，直到他得到自己所追求的东西。

他没有对自己说：“唉，这样有什么用呢？我想我应该改变自己的想法了，也许去试试做个推销员也不错。”而是对自己这样说：“我来这里就是为了和爱迪生一起合作，如果有需要的话，我会用我的余生来实现这个目标。”他就是这样做的！只有当人们怀揣特定的目的，并且为此坚持很长的时间，直到这个目的能够实现的时候，这才是一个不同的故事。

也许年轻的巴恩斯在那个时候并不知道这些，但是他如同斗牛犬一般的决心，他熊熊燃烧的持续的愿望，注定会抵挡住所有的反对，并最终给他带来一直在寻求的机会。

当机会来临的时候，就出现了不同的形式，且跟巴恩斯此前预期的方向也有些不一样。这就是机会经常玩弄的小把戏之一。“机会”就是有从后门悄悄溜进来的狡黠习惯，并且经常会伪装成不幸或者暂时的失败，还有其他类似的形式。也许这就是很多人不能够认清机会的原因。

正如我们所知道的那样，那个时候，爱迪生先生刚刚设计生产出一套新的办公设备“爱迪生录音机”（后来被称作“Ediphone”），但是他的销售人员对这种机器的热情并不高。他们觉得，这种机器需要花费很大的力气才能有不错的销量。巴恩斯看到了自己的机会，这个机会静静地爬了进来，就藏在这种看起来奇怪的机器上，除了巴恩斯和发明者，似乎没有人对它感兴趣。

巴恩斯知道他可以卖爱迪生录音机。他向爱迪生提出了这个建议，而且及时得到了这个机会，于是他就开始卖这种机器了。事实上，他的销售非常成功，所以爱迪生给了他一份合同，可以将这种机器分销到全美国各地的市场。就是这样的一种商业联合诞生了这样的口号：“爱迪生发明，巴恩斯安装”。这样的商业联盟不仅让巴恩斯赚到了很多钱，而且让他完成了更有意义的一件事，就是他证明了人真的可以通过“思考”致富。

巴恩斯的原始愿望究竟给他带来了多少实际的收入。对他价值几何，笔者也无从得知。或许这为他带来了两三百万美元的收入。无论这个数目是多少，与更伟大的资产相比，都显得不那么重要了，这个资产就是：通过运用一些已知的原则，一种无形的思想冲动可以被转化成实质的收获。这也是巴恩斯获得的确定的精神资产。巴恩斯一直想要实现自己与伟大的爱迪生合作的愿望！他把自己的思考变成了财富。除了知道自己想要什么，以及坚持这个愿望直到将其实现的决心，他其实也没有其他可以着手开始的地方。

刚开始的时候，他并没有多少钱，也没有受过什么教育，没有影响力，但是他确实有主动性、信心和必胜的信念。这些无形的力量使他成了和有史以来最伟大的发明家并肩战斗的头号人选。

现在，让我们来看看另一种情况，一个人曾经拥有大量的财富，但最后却变得身无分文，这是因为他在离自己追寻的目标还有 3 英尺的地方就停了下来。

离致富 3 英尺的距离

失败最常见的一个原因，就是当一个人被暂时的失败所困阻时

就会选择放弃。每个人都会犯这样的错误，在同一时间或者是不同的时间。

R. U. 达比，后来成为美国有史以来最成功的保险推销员之一，曾经讲述了他叔叔的故事。他的叔叔被淘金时代的“淘金热”所吸引，到西部去挖金矿，想要以此来致富。他从来没有听说过，从人类大脑中挖出来的黄金比得上那些从大地深处挖出来的黄金。他向大家发表了一个声明，就开始致力于用锄和铲挖金的工作。这个过程非常艰苦，但是他对黄金的渴望却非常坚定。

在几周的劳动之后，他的辛勤付出有了回报，他发现了一些闪着金光的矿石。他需要有机器把这些矿石从地底挖出来。他悄悄地把矿石掩埋起来，然后回到了自己在马里兰州威廉斯堡的家乡。他将这个消息告诉了自家亲戚和一些邻居。他们聚在一起，凑了钱买到了所需的机器，然后将它运到了那里。叔叔和达比也回到了矿山所在的地方。

矿石装了满满一汽车，第一趟开采出来的矿石被运送到了冶炼厂。他们得到的回复证明了他们拥有的是科罗拉多州最丰富的一座矿山！这些钱能够让他们还清所有的债务。只要他们接着挖，就能得到令人艳羡的大笔收入了。

随着矿山越挖越深，达比和叔叔的期望值也越升越高。但是，紧接着发生了一件意想不到的事情——金矿的矿脉消失了！他们已经到了彩虹的尽头，但是金子却突然消失，再也没有了。他们拼命地往下钻，绝望地想要再次找到矿脉，却无济于事。最后，他们决定退出淘金的热潮。他们把机器卖给了收垃圾的人，只得到了几百块钱，然后坐着火车回到了老家。有些收垃圾的人很愚蠢，但是这个得到机器的人刚好不是。他找来一个采矿工程师来检查这座矿山，并且做了一些测量。这个工程师最后表示，这个项目已经失败了，因为矿主不熟悉“断层线”。他的测量结果表明，矿脉距离达比停钻的地方仅有 3 英尺远。那里才是它被发现的地方！

这个收垃圾的人从这座矿山的矿石中得到了数百万美元，因为他知道在放弃之前应该寻求专家的帮助。当时为了买这台机器所花的大部分钱是通过 R. U. 达比的努力来最后付清的，那时他还只是一个非常年轻的小伙子。这些钱都是他的亲戚邻居借给他的，就因为他们对达比的信任。他还清了每一笔钱，尽管这花费了他很多年的时间。

不久之后，达比先生赚到了比这些损失多出很多倍的钱，在他终于发现了愿望可以被转化成现实的财富这个道理之后。这个发现是在他开始做寿险销售业务之后才觉悟到的。

达比永远都记得，就是因为他在离一堆财富 3 英尺的地方停了下来，所以才失去了一笔巨大的财富，也正因为如此，达比才收获了这个选择所带来的经验教训。他通过一种简单的对自己诉说的方式提醒自己："我在离金矿还有 3 英尺的地方停了下来，所以当我向别人销售保险的时候，我绝对不会因为他们的拒绝就停下来。"正因为他在挖金矿这件事上的轻易放弃，才让他学到了要有毅力的重要教训。

大多数人在收获成功之前，肯定都会遇到短暂的打击，或许有一些是真正的失败。当面对失败或者打击的时候，最简单也是最合乎逻辑的选择就是放弃。这也恰恰是大部分人的选择。

但是，这个国家被大家所熟知的超过 500 个最成功的人都告诉笔者，他们**最大的成功恰恰是在遭遇失败打击过后的下一步就来临了。失败就是一个披着讽刺和狡猾的外衣招摇撞骗的无赖。当成功几乎是触手可及的时候，从失败到成功的转换就需要拉下闸门，跨越到喜悦，这是一大步。**

关于“坚持”的50美分的教训

当达比先生终于从这场不小的磨难中挺过来后，不久，他决定依靠从这场黄金开采业务中学到的教训来获利。很快他就从一次尝试中亲眼见证到，**原来有时候口头上说“不”并不一定意味着真的拒绝**，这也非常幸运。

一天下午，他帮着他的叔叔用一台老式粉碎机磨小麦。他的叔叔经营着一个大农场，农场里生活着一些佃农。就在他磨小麦的时候，门被悄悄地打开了，一个租客的女儿走了进来，站在了靠近门的地方。

正在干活的叔叔抬起头，看到了那个孩子，就用粗鲁的声音对她吼道：“你想干什么？”这个孩子温顺地回答道：“我妈妈说，要你给她50美分。”

“我是不会给的，”叔叔拒绝了她，“你现在就回去吧。”

“是的，先生。”孩子回答说。但她没有动。

达比的叔叔继续干着自己手上的活儿，他一直在忙活，以至于一直没有精力去注意这个孩子，也就没有发现她一直没有离开。当他再次抬头，发现这个孩子仍然站在那里的时候，他朝她大吼道：“我告诉过你让你回家！现在，你立刻就走，否则我就把你关在这里！”

这个小女孩说：“是的，先生。”但是她一步也没有离开。

叔叔正要把一麻袋的小麦倒进粉碎机里，看见小女孩没有走，他放下袋子，拿起一根棍子，朝着这个孩子走过去，脸上的表情好像在说：“你要有麻烦了。”

达比屏住了呼吸，他确信他可能即将亲眼见证一桩谋杀案的发生，因为他知道他的叔叔脾气有多么火暴。当达比的叔叔走到女孩站立的位置附近时，她连忙上前一步，抬起头来望着他的眼睛，用她能够发出的最大声音刺耳地说道："我的妈妈需要 50 美分！"

达比的叔叔停了下来，看了她一分钟，然后慢慢地将棍子放在了地板上，他把手伸到自己的口袋里，掏出 50 美分，递给了她。

孩子接过钱，慢慢朝门口走过去，她一直对这个自己刚刚征服了的男人投以回视的目光。在她离开之后，叔叔坐在一只箱子上，看着窗外的天空，一直看了有十多分钟。带着敬畏之心，他琢磨着自己刚才的举动，幸好他没有真的用棍子打这个女孩。

达比先生也做了一些思考。这种经验于他而言也是第一次，他看到了一个佃农的孩子能够有意识地去操纵和影响一个成年人的权威。她是怎么做到的呢？他的叔叔身上发生了什么事，让他从一个性烈如火的男人变成一只温驯的羔羊呢？这个孩子到底运用了什么神奇的力量，能够让一个长辈听从她的掌控呢？有什么奇怪的力量发挥了作用，能够让孩子的主人服从孩子的想法呢？这些类似的问题不断地在达比脑海中闪现，但是他并没有找到答案。直到多年后，当他告诉我这个故事的时候，他才知道这一切都是为什么。

奇怪的是，达比是在老磨坊里告诉我这个非同寻常的故事的，就在那个地方，他的叔叔拿起了棍子。我们站在发霉的老磨坊里，达比先生不断地重复这个不寻常的关于征服的故事。故事讲完之后，他问道："你能做什么呢？这个孩子运用了什么奇怪的力量，能够完全阻止叔叔的殴打呢？"

关于他这些问题的答案，本书中描述的原理已经回答了。答案是完全清晰的。它包含详细的信息和说明，足以使任何人都能明白和运用同样的力量，而当时那个孩子则是偶然运用了这一力量。

保持你的头脑警觉，你会发现到底是哪种神奇的力量，让这个孩子得到了拯救，在本书的下一个章节中，你将会对这种力量窥见一斑。当你读到本书的某处，你会发现，这将强化你感受这种力量的想法，并将其置于你的命令之下，从你的利益出发，驱动这同样不可抗拒的力量。对于这种力量的意识和觉醒，有可能你在读第一章时就会觉察到，也有可能会在读其他某个章节时闪现在你的脑海里。它可能会是一个单一的想法，也可能是一个计划，或者一种意图。此外，它可能会让你回顾过去失败或受打击的经历，并且通过总结这些失败或打击，得到一些教训。

在我向达比先生描述这个孩子在不知不觉中使用的力量之后，他迅速回顾了自己 30 多年来作为寿险业务员的经验。然后他坦率地承认，他之所以能在这个领域获得成功，就是因为在很大程度上，他从这个孩子身上学到了经验。

达比先生指出：“每一次，当我被顾客拒绝销售业务并因此感到沮丧时，我的脑海中就会浮现出那个女孩站在老磨坊里的情景。她的大眼睛放肆而愤怒地盯着我，我就会对自己说：‘我得做成这笔买卖。’我所有的销售业务当中，做得比较好的反而是那些客户对我说出‘不’之后完成的交易。”

他也同样回忆起停止在离黄金只有3英尺远处的那次失败。“但是，”他说，“这个经验是因祸得福，它教会了我要继续坚持，不管这样的坚持有多么艰难。对我来说，这也是在获得成功之前必须学习的一课。”

达比先生和他叔叔的故事，佃农的孩子和金矿的事例，无疑会被数百位靠销售寿险为生的人所阅读。对于所有这些人，我都希望能够将达比通过这两次经历所拥有的每年销售寿险超过 100 万美元的能力传授给你们。

生活是陌生的，而且往往无法预料！无论是成功还是失败，根源

都在于简单的经验。达比先生的经验是司空见惯的，也很简单，但是这些经验主导了他的命运，所以这些经验对于达比来说和生命本身一样重要。他从这两次戏剧性的经历当中获益匪浅，因为他分析了这两次经历，从中得出了教训。但是，会有什么样的人既没有时间，也没有得到指示，却会来研究这些可能会通向成功的失败经验呢？人们又能从哪里，以及如何掌握将失败转换成通往成功的垫脚石的艺术呢？

为了回答这些问题，才诞生了这本书。

这本书中的 13 个原则提供了答案。但是请记住，当你在读这本书的时候，这些你一直渴望找到的答案，能够解答困扰你心、让你深思的人生困惑的答案，也许会以一些想法、计划或者目的的形式闪现在你的脑海里，这个时候，你需要知道，你已经找到了答案。

所有人都希望获得成功，这个想法不需要过多解释。这本书中描述的原理，包含了最好的以及最实用的信息，这是从现在已知的关于创造实用想法的方法和手段当中提炼出来的。

当财富将要来临的时候，它的脚步总是轻轻的，但会一下子向人们涌过来，以至于人们不禁会问，在自己曾经度过的艰苦岁月中，这些财富到底隐藏在哪里了呢？这是一个令人惊讶的问题。更何况，我们还要考虑到，一直以来，人们都持有这样的信仰，只有努力并且持久地付出，财富才会降临。

当你开始思考致富时，你会发现，**财富开始于一种心态，要有明确的目标，但是和是否付出极大的努力关系不大。**你，和其他所有的人，应该都对如何获得这种吸引财富到来的思考状态非常感兴趣。我花了 25 年的时间来研究，分析了超过 2.5 万人，正是因为我也想知道“人们如何能拥有那么多的财富”。

如果没有这项研究，就不会有这本书的诞生。

我们可以来看看这个非常显著的事实：经济大萧条始于 1929 年，而且持续对经济的方方面面造成极大的破坏，直到罗斯福总统就任一段时间之后才开始好转。此后，经济大萧条的影响慢慢减退，直至消失得无影无踪。就像在黑暗的电影院里，电工一盏接一盏地打开灯，在你还没意识到之前，黑暗会逐渐被光明所取代一样，那个时候，人们心中的恐惧也渐渐消失，信心又恢复了。

仔细观察，一旦你掌握了这种成功学的原则，并且开始遵循应用这些原则的指导，你的财务状况将开始改善，你接触的一切将开始自动蜕变为能被转化成实际利益的资产。你觉得这一切都不可能发生吗？当然不是！

人类的一个主要弱点就是很多人都会屈服于“不可能”这个词的表面意思。他知道一切行不通的原则，他知道一切无法做到的事情，但这本书是为那些一直在寻求获得成功的原则的人而写的，并且愿意将这些原则的方方面面都清楚地揭示出来。

很多年以前，我购买了一本装帧精美的字典。拿到字典之后，我做的第一件事就是找到“不可能”这个单词所在的那一页，并且将这一页整齐地撕了下来。如果你也这样做的话，那将是一个明智的决定。

成功属于那些对成功有清醒意识的人。

失败属于那些无意中让自己成为对失败意识清醒的人。

这本书的目的是帮助所有寻求成功的人，通过学习改变自己的思想，掌握从失败意识转换为成功意识的艺术。

在大多数人的身上，另外一个弱点也很容易被发现，那就是习惯衡量一切事物和人，并且是凭借自己的印象和观念来进行衡量。有一些人也会读到这本书，但是他们不会相信一个人可以通过思考致富。他们没办法从富人的角度来思考问题，因为他们的思维习惯已经沉浸在贫穷、渴望、失败和挫折中。

数百万的人都见证了亨利·福特的成就，他们忌妒他，因为他们认为，是福特的好运气、机遇和天生的才能，或者其他类似的因素造就了他的成功。也许在10万个人当中，只有一个人会知道福特成功的秘诀，而这些知道的人，也许是因为太过谦虚，也许是不好意思，他们不会告诉其他人这个秘诀，因为这实在是太简单了。我们来看看下面这次交易，它能够完美地展示出这个简单的秘诀。

当福特公司决定生产现在著名的V-8发动机时，福特选择了在整个8缸中用一个浇铸块来构建这个引擎，他将这个想法告诉了他的工程师，并且让他为这个引擎画一张设计图纸。当设计图纸完成的时候，设计师认为，根本不可能将8缸汽油发动机用一个浇铸块来完成。福特却说："无论如何都要做出来。"

"但是，"工程师们回答说，"这是不可能的！"

"来吧，"福特仍然坚持自己的想法，并且下达了命令，"你们就照这个继续工作，直到成功为止，不管它需要多少时间。"

工程师们只能开始这个设计。因为如果他们想要继续留在福特公司的话，就别无选择，只有听从老板的命令。半年过去了，什么都没有做出来。又过去了6个月，工程师们还是没有做出来任何东西。他们尝试了各种可能的方案，想要实现福特的想法，但就是有些地方出现了问题，好像在告诉他们："这是不可能的！"

在那一年的年底，福特再一次和工程师们碰头。他们仍然是那样告诉他的，对于继续执行老板的命令，他们已经没有任何办法了。

"继续做，"福特说，"我就是需要它，你们一定要做成。"

他们只能继续努力，然后如有神助，难题终于被解决了，V-8发动机的秘密终于被发现了。就这样，靠着福特的决心，他们又打赢了一仗！

这个故事也许不能准确地说明这个道理，但是从一般意义上来说还是正确的。如果你是一个渴望通过思考致富的人，就应该能从这个故事中得出推论，了解福特成为百万富翁的秘诀，如果你可以的话。你不需要看得很远。

亨利·福特是成功的，因为他明白并且应用了成功的原则。其中一条原则就是渴望：**知道自己需要的是什么**。当你在看这本书的时候，你要记住福特的这个故事，并且能够大致描绘出福特获得惊人成就的秘密线路。如果你能够这样做，你可以找到亨利·福特之所以变得富有的特定原则，你就可以获得同样的成就，无论你渴望追寻的是生活的哪个方面。

20 世纪末，亨利·福特式的人物就是比尔·盖茨。正如福特彻底改变了交通运输行业，创造了任何人都可以负担得起乘坐费用的交通工具——汽车一样，比尔·盖茨通过设计软件，彻底改变了计算机产业，使所有人——不仅仅是专业的高级技术人员——都能够使用电脑。从此以后，无论是办公室、学校还是家庭，每个人都需要通过个人计算机来进行虚拟世界的工作。而这也让比尔·盖茨累积了数十亿美元，成了美国首富。

盖茨在 13 岁的时候，开始了第一次和电脑的接触，也是从那个时候起，他开始编程。1973 年，他成为哈佛大学一年级的学生，就住在史蒂夫·鲍尔默的楼下，而鲍尔默就是微软现在的首席执行官。在哈佛学习期间，盖茨为第一台微型计算机开发了编程语言 BASIC（培基）的版本。

当升到大三的时候，盖茨深深地沉浸在创立一家软件公司的梦想当中，这个梦想如此强烈，所以他决定离开哈佛，将全部的精力用于实现梦想。后来，他和他的童年好友保罗·艾伦成立了一家公司——微软，来为自己的梦想奠定基础。因为盖茨坚持这样的信念，他相信计算机将成为每个办公室的桌面必需品，并且会成为每一个家庭的宝贵工具，在这个信念的指导下，他们开始开发用于个人电脑的软件。盖茨的远见卓识以及他对个人计算机发展的预见是现在微软公司和软件行业能够取得成功的核心因素。

现在，比尔·盖茨已经实现了自己的主要目标，他还是会继续在改进计算机程序和做慈善工作这两大领域里，追寻自己新的目标。他和妻子梅琳达已经成立了世界上最大的慈善基金会。

你是“自己命运的主宰，灵魂的领航者”

当英国诗人 W. C. 亨利写下这句具有警世意味的名句“我是我命运的主宰！我是我灵魂的领航者！”时，他应该告诉我们，**我们之所以是自己命运的主宰，是自己灵魂的领航者，就是因为我们能够控制自己的思想。**

他应该告诉我们，地球是以能量高速率运动的形式存在的一个空间，任何存在于这个空间的事物都会被宇宙能量所影响。我们在这个小小的地球上生存，在其上运动，我们的大脑也会被宇宙的能量所影响。这种影响是一种自然的方式，将人类的思想运动和地球的能量转化融为一体。

如果诗人能够告诉我们这个伟大的真理，我们就会知道为什么我们是自己命运的主宰，是自己灵魂的领航者。他应该很郑重地告诉我们，这种力量并没有试图区别对待破坏性的想法和建设性的想法，这将促使我们通过行动，把贫困转化为现实的思想，而且它也会以同样快的速度，影响我们按照致富的想法来行动。

他还应该告诉我们，**我们的大脑会被头脑中的主导思想所吸引。而且，通过大多数人都不了解的方式，这种吸引力会将我们引向与自我意念一致的力量、人和环境。这些“磁体”和我们主导思想的本质相协调。**

他应该告诉我们，在我们有能力积聚大笔财富之前，我们必须用强烈的对财富的渴望来吸引我们的头脑，我们必须成为“金钱意识的觉醒者”，直到对金钱的渴望能够驱使我们创造取之有道的计划。

作为一个诗人，而不是一个哲学家，亨利满足于将一个伟大的真理以诗歌的形式陈述出来。但是，那些读了他这句诗的人，都难以理解隐藏在诗句背后的哲学意义。

渐渐地，真相自己展露出来，直到今天，这本书中所描述的原则，终于揭示出了掌握我们经济命运的秘密。

另一名能够作为“自己命运的主宰”人物案例的就是史蒂芬·斯皮尔伯格，他是有史以来最伟大的电影导演之一。从孩童时代开始，他就梦想成为一名电影导演。当他还是一个小孩的时候，他就开始用一部老旧的摄像头拍摄一些业余电影。成为一名电影导演的梦想从未在他的脑海中消退。

斯皮尔伯格闯进环球影城的经历是电影行业流传的一个传奇故事。他参加了一个环球影城之旅，这是吸引游客到电影工业的制作中心观光游览的一种手段。在参观影城工作室的大部分时间里，游客们都是乘坐在一辆电车上。斯皮尔伯格偷偷地从电车上溜了下来，藏在两块声幕之间，直到这个影城之旅结束。当一天快要结束时，他装作一名工作人员离开了影城，在门口，他特地和门卫说了几句话。

然后，接下来的每一天，他都去影城工作室，持续了整整三个月。他每天经过门口，门卫都会朝他挥手，他也挥手回应。他总是穿着正式的套装，拿着公文包，让门卫以为他是在影城里当暑期工的一名学生。

在影城的工作室里，他和导演、编剧及作家聊天，并且和他们交上了朋友。他甚至找到一间空办公室，占用了它，还在门口挂了一块写有他名字的牌子。

随后他认识了希德·欣伯格，他是影城工作室里电视组的制作主管。他向欣伯格展示了自己在大学的电影项目，给欣伯格留下了深刻的印象。然后，欣伯格就和这个年轻人签了合同，把他留在了工作室。

斯皮尔伯格的第一部完整的电影长片《横冲直撞大逃亡》（又名《傻妹大逃亡》）上映之后好评如潮，并在1974年的戛纳电影节上获得了最佳编剧奖。不幸的是，它并没有在票房上取得相应的成功。

他的大突破是在一年后到来的，当时他遇到了一本书——《大白鲨》。当时工作室已经决定制作《大白鲨》这部电影，并且已经选好了著名的导演来拍摄它。

斯皮尔伯格拼命地想抢到这部电影。尽管《横冲直撞大逃亡》在票房方面遭遇了失败，他的自信心并没有减少。他说服制片方放弃选定的导演，将影片的拍摄权交给他。

这不是一项简单的任务，从一开始就麻烦和困扰不断。他遇到了技术问题和成本超支的问题。但是，《大白鲨》在1975年6月上映后，获得了双重成功：不但打破了票房纪录，而且评论界也一片叫好声。在发行一个月的时间里，影片就获得了6000万美元的票房，这是前所未有的票房纪录。之后电影票房已经接近5亿美元。

在接下来的几年里，斯皮尔伯格接连执导了几部电影，其中包括著名的“印第安纳·琼斯系列”，获奖无数的《紫色》《太阳帝国》和《E.T.》。

后来，他执导了《侏罗纪公园》，创造了那个时代最成功的电影票房历史。这也是斯皮尔伯格第三部打破总收入纪录的电影，仅周边玩具等商品带来的收益就超过 10 亿美元。

斯皮尔伯格还在继续追寻自己的梦想。当他和另外两个好莱坞巨头创立自己的制作公司时，他们把它称为“梦工厂”。

我们现在已经准备好审视第一项原则。保持开放的精神，当你阅读的时候也要记住，这些原则并非只是一个人的发明。这些原则取自 500 多个积累了巨额财富的人，他们的人生经历大致如此：一开始，他们的出身都比较贫困，没有受过什么教育，没有影响力，但是他们运用了这些原则。你可以让它们为你所用，让你长期受益。你会发现做起来其实很容易，根本不难。

在你阅读下一章之前，我要你知道，它传达了这样的事实信息，可能很容易就改变了你整个的财富命运，因为它已经如此肯定地给现实中的两个人带来了令人惊讶的变化。

此外，我想让你们知道，这两个人和我之间的关系是这样的，我可以采取任何方式来篡改事实的细节，假如我愿意这样做的话。其中一个人一直是我最亲密的私人朋友，我们的关系维系长达 25 年的时间；另一个人是我的儿子。这两个人都获得了不同寻常的成功，其原因都能够归结为下一章中所描述的原则。他们的成功不仅是个人参考，更是对于所描述原则力量的强有力的证明。

第　二　章

致富第1步——愿望：所有成就的起点

我们唯一的限制是那些我们在自己的心中树立起来的限制。

所有的成就，不管其本质是什么，有什么样的性质和目的，必须开始于对某些事物强烈的、熊熊燃烧的愿望。通过一些奇怪和强大的“精神化学作用”，强烈的愿望绝对不会承认“不可能”这样的词语存在，并且不会接受失败的现实。

愿望超越一切

当埃德温·巴恩斯从去新泽西州奥兰治的货运列车上爬下来的时候，外表上他可能已经跟一个流浪汉别无二致了，然而他的想法却和一个国王的想法同样宝贵！

当他一路踏着铁轨到达托马斯·爱迪生的办公室时，他的头脑一直是运转着的。他预见了自己站在爱迪生面前的情形。他知道自己会向爱迪生先生寻求一个机会，去实现自己生命中一个执着而又强烈的愿望，那就是成为这位大发明家的合作伙伴。

巴恩斯的**愿望不仅仅是希望，也不仅仅是一个心愿，它是一个敏锐的、不停跳动的愿望，它超越了一切。**这是非常肯定的。

愿望不是在他走近爱迪生的时候才刚刚萌生的。它是支配了巴恩斯头脑很长一段时间的愿望。在开始的时候，当愿望第一次出现在他的脑海时，它可能还仅仅是一个简单的愿望，但是当他怀揣它来到爱迪生面前的时候，它并没有仅仅停留在简单愿望的地步。

几年后，埃德温·巴恩斯再次站在爱迪生面前，在他第一次见到这个大发明家的同一间办公室。这一次，他的愿望已经变成现实。他已经和爱迪生建立了商业合作关系。主宰他生命的梦想已经变成现实。如今，知道巴恩斯经历的人们都会羡慕他，因为他的人生经历了突破性的转变。但是，他们仅仅看到了巴恩斯获得的成功，却没有费多少心力去研究他成功的原因。

巴恩斯之所以会成功，是因为他**选择了一个明确的目标，并且投**

注了自己所有的精力、所有的意志力和所有的努力，一切都只是为了实现这个目标。当他刚刚到达爱迪生办公室的时候，他并没有立刻成为爱迪生的合伙人。开始他所做的也只是微不足道的工作，但是他很满足，因为这提供了一个机会，让他离实现目标又近了一步。当他真的获得了那个梦寐以求的机会时，已经过去了 5 年的时间。在这些年里，没有一丝希望的曙光曾经照亮他，他好像永远也实现不了自己的愿望，也没有人给他承诺一定会实现愿望。除了他自己之外，每个人都只把他看作在爱迪生办公室工作的一个小齿轮，但是在他看来，每分钟他都是在和爱迪生合作，从他第一天到达爱迪生办公室开始，工作就是如此。

这是一个明显能够证明确定愿望的力量的例子。巴恩斯实现了他的目标，因为他想成为爱迪生先生商业合作伙伴的愿望，超过了其他任何想要的东西。他制订了一个计划，通过它来实现了自己的目的。他没有给自己留其他任何退路。他一直保持着自己的愿望，直到它成为自己生命中的主宰，而且，最后也成了现实。

当他到达奥兰治的时候，他并没有对自己说："我要尽力让爱迪生给我提供某种类型的工作。"而是说："我要见到爱迪生，并且要告诉他，我是来和他一起经商的。"他没有这样说："我会在那里工作几个月，如果我没有得到任何鼓励，我会辞职不干，在其他地方再找一份工作。"而是说："我会从任何地方开始，在我通过考验之前，我会做任何爱迪生要我做的事，我一定会成为他的合作伙伴。"他也没有这样说："万一我不能在爱迪生的公司得到我想要的东西，我就会随时睁大自己的眼睛，好发现另一个机会。"而是说："在这个世界上，我下定决心要做成的只有这一件事，那就是成为托马斯·爱迪生的商业伙伴，我会斩断所有可能的退路，孤注一掷，将我的一切都投身到实现这个愿望上面。"

他没有给自己留下任何可能的退路。在这件事上，他要不就赢得成功，要不就彻底失败！这是成就巴恩斯的关键！

很久以前，一位伟大的战士面临这样一种情况：他必须要做出一个决定，以确保在战场上获得胜利。他正要派出自己的军队去对抗强大的敌人，敌人的数量超过了他们军队的规模。他将所有的士兵运上船，航行到敌人的国家，所有的战士都下了船，然后他下令把所有装运士兵的船都烧毁。他告诉士兵们："你们已经看到，所有的船都被烧成了灰。这意味着，我们只有取得胜利，才能从岸上离开这个地方。我们现在已经别无选择，要么胜利，要么灭亡！"结果，他们赢得了战争。

在著名的芝加哥大火灾发生后的那个上午，一群商人站在街头，曾经是他们商店的地方现在只剩下一片被大火烧过的残骸。他们开始了一场讨论，要决定究竟是尝试重建这个地方，还是干脆离开芝加哥，去往这个国家其他更有发展潜力的地方重新开始。最后，除了一个人之外，其他人都做出了离开芝加哥重新开始的决定。

那个决定留下来的商人，用手指着自己商店曾经所在的位置，说道："先生们，就在这个地方，我一定要建成世界上最大的商店，无论它可能被烧毁多少次。"结果，现在那家店就矗立在那里，它被建造了出来，同时也是一座巍峨的丰碑，纪念那个商人强烈愿望的力量。对于那个商人——马歇尔·菲尔德来说，最简单的选择就是和他的那些同行一样，离开芝加哥。尽管他选择了最难的事情，过程很艰苦，当时看起来未来也很渺茫，但是他还是坚持了下来，而过程似乎也变得容易起来。

必须注意到马歇尔·菲尔德和其他商人之间的差异，因为正是这样的差异，让埃德温·巴恩斯从其他成千上万个曾经在爱迪生公司工作过的年轻人当中脱颖而出。也正是这样的差异，区分出了那些成功和失败的人。

转变财富的六步骤

当人们成长到能够意识到金钱的意义的年龄时，他们都会渴望得到它，然而仅靠希望是不能带来财富的。但是，如果在这种对财富的渴望上加上坚定的信念，使之达到一种痴迷的状态，然后规划确定的方法和手段来获取财富，并且能够持久地坚持这一计划，永远不会被失败打倒，那么最终就会得到财富。

愿望要转变为与之等值的财富，需要方法，这一方法由六个明确的、切实可行的步骤组成：

第一步，在你的心中设定你想要获取财富的具体数额。仅仅告诉自己“我要很多很多的钱”是远远不够的，一定要确定具体的数量。（对于这种确定性的心理学原理，本书将在随后的章节中说明。）

第二步，确定你需要拿什么东西来换取你想要的金钱。（这个世界上从来就不存在“不劳而获”这样的现实。）

第三步，为你想要获得的财富设定确切的日期。

第四步，为了实现你的愿望，你需要制订切实的计划，并且马上开始，无论你是否准备好了，都要马上把这个计划付诸行动。

第五步，将你想要获得的金钱数量、最终获得的时间、想要拿什么来换取财富都用明确、清楚的语言记录下来，并且详细描述你积累这笔财富的计划。

第六步，每天两遍，大声读出你所写下的这份声明，一次应该是在晚上睡觉前，另一次是早上刚刚醒来的时候。当你读的时候，看着它，用心感受，相信你自己已经拥有了这笔财富。

按照上述的六个说明步骤来进行操作是非常重要的。在这六个步骤里，最重要的就是第六步，你需要专注地遵循它的指示。

你可能会抱怨，在实际拥有之前，“看到自己拥有的财富”是不可能做到的。这就需要强烈的愿望帮助你了。如果你真的如此迫切地渴望拥有财富，你的愿望是一种执念，你将不得不说服自己相信，得到它对你来说不会有任何困难。你的目的就是金钱，它会变得如此坚定，你就能够说服自己，一定会拥有金钱。

只有成为“金钱意识觉醒”的人，才能够不断积累巨大的财富。“金钱意识觉醒”指的是脑海被对金钱的渴望彻底占据了，所以一个人才能够想象自己已经拥有了金钱。

对新手（指的是那些没有受过关于心理学教育的人）来说，这些指示可能看起来非常不切实际。但是对所有不承认这六步骤合理性的人来说，如果他们能够知道这六步骤所传达的信息是源于安德鲁·卡内基的经历，或许会对他们相信这些指示有些帮助。安德鲁·卡内基最初只是一家钢厂的普通员工，他的起点很低，但还是依靠这些原则，使自己赚到了数亿美元的财富。

如果人们知道，这六步骤是由托马斯·爱迪生认真审阅过，并予以认可的，或许会对人们相信这些原则确有实效更有帮助。爱迪生认为，这六个步骤不但是积累财富的必经步骤，而且对于实现任何具体目标来说都是不可或缺的步骤。这些步骤不需要努力付出，也不需要牺牲；不需要一个人变得荒谬，也不需要一个人变得可笑；运用这些步骤也不需要接受过太多的教育。但是这六个步骤的成功应用，必须要有足够的想象力，只有想象力才能使人们能够看到和了解到，金钱的积累不能有侥幸心理，不能仅仅靠吉祥和好运。我们必须认识到，那些积累了巨大财富的人，首先必须得怀揣各式的梦想、希望、渴望，然后通过大量的计划才获得了财富。你可能也知道，你永远不会拥有大量的财富，除非你能够让自己拥有对金钱近乎白热化的渴望，确信自己一定会拥有它。

你可能也知道，**从文明的曙光启蒙人类直到现在，出现的每一位伟大的领导者，都是梦想家。**如果你不能依靠自己的想象力看到大量的财富，你就永远不会看到它们出现在你的银行存款余额里。在美国的历史上，从来没有哪个时代像现在一样，存在出现如此多的梦想家的机会。我们生活在这场向财富狂奔的比赛中，我们应该被鼓励和指导。这是一个充满活力的世界，我们的生活需要新鲜的想法，需要全新的做事情的方式，需要新的领导、新的发明、新的教育方法、新的营销方法、新的书籍、新的文学、计算机的新应用方式、应对疾病的新方法，以及商业和生活各个方面全新的东西。在所有对更新和更好的要求的背后，有一个定性的宗旨，如果想要获胜的话就必须拥有，那就是确定的目标，确切地知道自己想要什么，以及一定要拥有它的不断燃烧的愿望。

要做到这些，需要实际的梦想家，他们要能够将自己的梦想付诸行动。实际的梦想家一直是也将永远是文明进化的创造者。我们都想要积累财富，所以我们应该记住，这个世界真正的领导者，能够一直利用力量，并且将这种无形的、处于萌芽状态的力量投入实际使用当中，还能够转化这些力量（或者思想的冲动），让这些力量能够产生摩天大楼、城市、工厂、飞机、汽车、更好的医疗保健及其他各种能够让生活更加愉快的事物。

宽容和开放的心态对于今天的梦想家来说，是实际的必需品。那些对于新鲜事物和想法感到恐惧的人注定会失败。诚然，我们现在所处的年代不是坐马车的时代，不需要去征服狂野的西部，但是我们的时代也有庞大的商业、金融和工业界需要进行重塑，并使其沿着更新和更好的方向前进。

立即开始行动

当你在执行实现财富愿望的计划时，别让任何人影响你，别在乎他们对梦想家的蔑视。为了赢得这个不断变化的世界中的大赌注，你必须加快步伐赶过去，抓住过去伟大时代先驱们的精神。他们的梦想已经赋予文明应有的价值，也是我们这个国家伟大先驱精神的生命之血。你们和我一样，都面临这样的机会，我们需要开发和推销我们的才能。我们不要忘记，哥伦布梦见了一个未知的世界，押上了自己的一生来寻找这个世界，然后，他就真的发现了新大陆！

伟大的天文学家哥白尼，梦想世界的多样性，并最终揭示了它！在他获得胜利之后，没有人指责他是“假大空”，相反，所有人都将他供奉在圣地。他的经历再一次证明了这句老话：**成功不需要解释，失败不允许借口。**

如果你希望做的事情是对的，而你也相信它，那么就继续前进，去做吧！勇敢去跨越你的梦想，就算你暂时遭遇了失败，也不要管其他人说什么。因为他们并不知道，每一次失败都会带来和它具有同等价值的成功的种子。

亨利·福特开始只是个贫穷、没有受过教育的小伙子，他梦想着制造出不需要用马拉的车。怀揣这个梦想，无须等待机会青睐他，他就会用自己仅有的工具开始工作。现在他的梦想已经被遍布世界各地的汽车所证实。他比有史以来任何人驱动的轮胎都多得多，因为他不害怕背负自己的梦想。

托马斯·爱迪生梦想着可以发明出以电力为能源的灯。他开始把自己的梦想付诸行动，尽管经历了超过一万次的失败，他仍然没有放弃自己的梦想，直到最后这个梦想真的变成了现实。实际的梦想家们从来不会放弃！

林肯梦想黑人奴隶能够获得自由，通过南北战争，他的梦想被付诸行动，他也差一点儿就能活到亲眼看见南方和北方变成一个统一的国家、自己的梦想变成现实的那一天。

莱特兄弟梦想着有一台机器，可以在空中飞行。现在，人们可以看到世界各地的飞机，这也是莱特兄弟的梦想实现最有力的证明。

马可尼的梦想是创造出一个可以控制醚的无形力量的系统。现在世界上能找到的每一台收音机、电视机和每一部手机都能够证明，他并没有做白日梦。此外，马可尼的梦想创造了最卑微的小屋和最富丽堂皇的庄园建筑相映成趣的景象，让这个地球上每个国家的人都能没有限制地交流。它还创造了一种媒介，使得新闻、信息和娱乐节目可以瞬间被传播到世界各地。你可能会觉得有意思的是，当他宣布自己已经发现了可以不通过电线或其他物理通信手段，只是通过空气就能发送消息的原理之后，马可尼的“朋友”以为他精神不正常，竟然想要把他送到精神病院去。

今天的梦想家有更加良好的生存环境，世界已经习惯新的发现。不仅如此，它还表示愿意奖励能够给世界提供新想法的梦想家。

雷·克洛克是另一个让自己的梦想成真的案例。克洛克是嘉康利牛奶搅拌机的推销员，他的大部分客户，餐厅也好，家庭也好，通常只会买一两台搅拌机。当他从加利福尼亚州圣贝纳迪诺的一家小食品店收到了8台机器的订购单之后，他决定去拜访他们，看看他们怎么有可能卖出那么多的奶昔。当他到达那里后，他觉得那是他见过的最繁忙的餐厅。食品店的伙计们提供给顾客的菜单非常有限：汉堡、芝士汉堡、薯条、奶昔和汽水——但所有食物都是以当地的最低价格供应的。

克洛克看到了机会。如果他能开很多家这样的连锁餐馆，每家餐馆都有这样的生产力和赢利能力，那么钱就会源源不断地流入。他把这个想法告诉了麦当劳兄弟，他们同意他去实施这个想法。在短短几年内，麦当劳不仅成了美国最畅销的出口食品，而且创造了快餐业。克洛克后来又买下了麦当劳，并且将快餐业务扩展到了全球，使之成为一种国际现象，而他也成了那个时代最富有的人之一。

当今这个世界充满了过去任何时代的梦想家们都没有想到的丰富机会。强烈的愿望和立即开始行动，是每个梦想家起飞的出发点。梦想不是发源于冷漠、懒惰或者缺乏野心。世界不再嘲笑梦想者，也不会认为这群人都是不切实际的。鼓起勇气，因为这些人的经历已经锻炼了你们的精神——它们具有无可比拟的价值。请记住，那些在生活中取得成功的人，大都会经历一个糟糕的开局，他们在到达成功的终点之前，也经过了许多令人心碎的斗争。他们人生当中成功的转折点，往往出现在某一次危机发生之后，只有在那些时候，他们才认识了隐藏在深处的另一个自我。约翰·班扬写就了《天路历程》一书，这是当今英语世界最为优秀的文献之一。他也是在被囚禁在监狱中遭受了严峻的惩罚后，才写成了这本书，阐述对宗教问题的看法。

在被关押在俄亥俄州哥伦布市的一间牢房里，遭遇了巨大的不幸后，欧·亨利才发现了此前一直藏在脑海里的才华。因为被迫遭受不幸的经历，他开始熟悉“另一个自我”，并且发掘了藏在脑海深处的想象力，发现自己是一个伟大的作家，而不是一个悲惨的刑事犯和弃儿。生活的方式是诡异多变的，而人的智慧也是无穷的。有时候人们在发现自己的智慧之前，会被迫接受各种惩罚，这个时候，人们就会产生通过自己的想象来创造一些有用的能力这样的想法。

爱迪生是世界上最伟大的发明家和科学家，开始他只是一个兼职的电报员。在发现深藏在头脑中的天才之前，他失败了无数次，但最终，他还是靠着坚持成功了。

查尔斯·狄更斯开始只是在作坊里包装鞋油瓶，把标签贴到瓶子上去。他经历的第一次恋爱的失败穿透了他的灵魂，这种悲剧的命运使他成为世界上最伟大的作家之一。

对爱情失望，通常会让男人沉迷于酒精，让女人走向毁灭，这是因为大多数人没有学会将强烈的情感转变为具有建设性的梦想的艺术。

海伦·凯勒出生后不久就变成了聋哑人，而且双目失明。尽管经历了人生最大的不幸，但是她仍然在伟大的历史上留下了自己不可磨灭的名字。她的整个人生都可以证明，除非你让失败接管了现实，否则没有人能被击败。

罗伯特·伯恩斯是一个目不识丁的乡下孩子，一生下来，他就被贫困所诅咒，长大后在缺衣少食的生活中成了一个酒鬼。但是世界却因为他而变得更美好，因为他将自己的思想变成了诗歌，从而“拔出了一根刺，种下了一朵玫瑰”。

布克·华盛顿生下来就是奴隶，处处受阻于种族和肤色。因为他是宽容的，在任何时候都保持开放的心态，对任何学科都有学习兴趣，并且他还是一个梦想家，所以在人生这场竞赛中，他是一个赢家。

贝多芬耳聋，弥尔顿是个盲人，但他们的名字在时间的长河中永不褪色，因为他们有梦想，并且将自己的梦想变成了有组织的思想。

阿诺德·施瓦辛格是另一个将自己的愿望转变为行动并且最终收获成就的例证。他第一次走进公众视线的时候，是一名“环球先生”，顶着健美比赛冠军的光环。

但施瓦辛格不是一个典型的“肌肉男”。他是一个拥有梦想和目标的人，而且也实现了目标，成为一个非常富有的商人和片酬最高的明星之一，最终还荣任了加州州长。

施瓦辛格出生在奥地利，从孩童时代，他就开始进行健美训练。18 岁的时候，他赢得了第一个健美比赛冠军，并赢得了五个“环球先生”桂冠中的第一名。随后，他移居美国，继续参加类似的比赛，成为冠军。

在健美领域他已经获得了超过其他任何人的成就，对他来说，这已不再是一个挑战。他试图寻找其他可以发掘自己才华的领域。健美方面的训练启发了他，他觉得所有人都有必要学习关于健美的知识，他拥有这方面的知识，也希望与他人分享。

他出版了一本自传——《施瓦辛格健身全书》，成为畅销书。紧接着，他又出版了一本关于女性健身的书籍，指导女性读者如何使用重量训练来塑造形体。这导致了邮购运动书籍业务的诞生。他还成立了一家公司，生产用于健身活动的器材。这些经营方面的尝试让他走上了商业成功的道路。

他的下一个目标是要成为一个电影明星。在他得到第一个电影角色之前，他就给自己设定了目标，他要成为和健美冠军同等地位的电影明星。为了坚持这个目标，他拒绝了很多小角色。他的坚持得到了回报，他被选为《王者之剑》的主演。这部影片让他接下来出演了一系列动作电影，使他成为好莱坞收入最高的演员之一。

在电影方面获得的成功没有让施瓦辛格自满，他又为自己设定了新的目标，这次是在商业领域。他投资房地产，开创了一家连锁餐厅，并且积极投资和参与其他企业，最后，他成了千万富翁。

随着他在各方面获得的成功不断增多，他又给自己的梦想找到了一个新目标——为社会服务。他走遍了全美国，以促进青少年的身体健康。他走进市中心，鼓励孩子们对抗暴力和犯罪以及拒绝毒品、枪支和帮派，并说服他们去接受教育。

通过提供资金赞助，在一些专门负责体能和健康的组织里发挥积极的领导作用，施瓦辛格已经实现了为社会服务的目标。他曾经接受总统的委托，为整个国家的人制订健身标准。

2003 年，当加州人投票罢免现任州长时，施瓦辛格宣布参加新州长的选举，并且高票当选。

你可以从这个男人的故事里学到很多东西。**在设定目标上，你不需要局限于任何特定的领域。**施瓦辛格可以把自己的目标限制在健身领域，而且也相当成功，但是他让自己的梦想不断延伸，一直为自己设定更高的目标，并且努力达到这些目标。他从成功中学到了经验，并把这些经验推广应用到生活的其他方面。

不要被批评所劝阻。当他出演了第一部电影之后，批评声不绝于耳，但是他并没有就此放弃，而是继续坚持自己要成为好莱坞收入最高的演员的目标。后来，他还成了美国人口最多也是最重要的一个州的州长。

在继续下一章的话题之前，请重新点燃你心中希望、信心、勇气和宽容的火种。如果你拥有了这些心理状态，并且能够照着书中所描述的原则来行事，那么，当你准备好之后，你所需要的一切都会来到你的身边。艾默生有句话很好地说明了这个事实：“每一句谚语，每一本书，每一个属于你的帮助和安慰，都必须通过宽阔或者开放的道路才能够来临。每一个朋友虽然没有你梦幻般的意志，但是你灵魂中巨大而柔软的那一部分，都会将他们一一拥抱在怀中。”

渴望一个东西与准备好接受它，是有很大差异的。只有当一个人相信自己可以得到，才会觉得自己已经做好了准备。这种心理状态一定是“相信”，而不是单纯的“希望”或者“愿望”。豁达的心态对于信心来说必不可少，封闭的头脑不会鼓励信心、勇气和信念。

记住，如果你只是接受贫穷和悲惨，那么你所要付出的努力确实要比你在生活中设立一个较高的目标、追求丰富和成功的人生要少得多。一个伟大的诗人曾经通过以下诗句正确地阐述了这个普遍的真理：

我和命运讨价还价，要一个便士做工资，
命运答应了我，并说，不会给我更多。
但是到了晚上，我又开始乞求，
因为我所剩实在不多。

生命就像个公正的雇主，
他会给你所想要的那么多，
但是一旦你确定了自己的工资，
你就必须把工作来做。

我给自己确定了苦力的工资，
却沮丧地发现，
如果我的目标定得够高，
生活就会给我很多很多。

生活会心甘情愿地付出。玫琳凯·艾施，玫琳凯化妆品公司的创始人，将她的成功归结于对自己以及自己所在庞大组织里的每个人都发展出了自信和信念。这个组织目前在世界各地拥有超过25万个独立的美容顾问。

她的销售生涯始于25年前，那个时候，她加入了斯坦利家用产品公司。回忆起来，她经常说，她做销售的第一年并不如意，并且曾经想要放弃。但那个时候，她参加了一次斯坦利的销售大会，这改变了随后的一切。

她回忆说："在那里，我看到了一个身材高挑、苗条、漂亮、成功的女人，在全公司销售人员的大赛当中，获得了销售女王的头衔，当时我就决定，我在第二年也要成为销售女王，尽管看起来似乎不太可能。然而，我还是决定走上前和公司总裁说，明年我打算成为销售女王。

"贝弗里奇先生没有笑我，而是看着我的眼睛，握着我的手说：'不知为什么，我认为你一定能做到。'他的这些话激励了我，第二年我果真成了销售女王。"

玫琳凯实践并证明了**实现成功的第一步是要坚信你是一个优秀的人，你值得获得成功**。在关于个人的卓越品质的一篇文章中，她展示了一些训练方法，可以帮助你塑造自己的卓越形象，并在你的生活中营造成功的氛围。以下是她的一些建议：

想象自己获得成功。每天留出独处的时间，不受打扰，在这段时间里，你要总是想象自己获得成功，想象你渴望成为的人。慢慢获得心灵的舒适与放松。闭上眼睛，专注于自己的愿望和目标。你会看见自己在一个新的环境里，有能力而且充满自信。

反思自己过去的成功。过去的每一次成功，无论大小，都证明你有能力获得更多的成功。你应该庆祝每一次成功。当你开始对自己失去信心的时候，你可以回想这些成功。

设定明确的目标。对于你想要去的地方，要有一个明确的方向。当你开始偏离目标的时候，你要有所意识，并能够立即采取纠正措施。

积极应对生活。建立正面的自我形象。你的形象，你对于生活的积极反应，你的决定，都完全处于你自己的掌控范围之内。

愿望战胜自然的逆境

作为这一章中设定好的高潮，我想介绍一个我所了解的人当中最不寻常的一个。我第一次见到他，是在他出生之后几分钟。他来到了这个世界上，没有耳朵，也没有听力。医生虽然没有明确说出他的观点，但还是坦白地告诉我，这个孩子可能要又聋又哑地生活一辈子。

对于医生的意见，我持质疑的态度。我有不得不这样做的权利：我是这个孩子的父亲。我也做出了一个决定，并且发表了一个意见，但我是在内心默默地发表这个意见的。我相信，我的儿子一定能够听见，也一定能够说话。造物主给了我一个没有听力的孩子，但是造物主不能迫使我接受这个痛苦的现实。在我自己看来，我的儿子一定会听和说。但要怎样才能做到呢？我确信一定会有办法，也知道自己能找到它。我想起著名的爱默生先生曾经说过这样一句话："事情的全部过程会教会我信仰。我们只需要服从即可。上帝会给予我们每个人以指导，只要用心聆听，我们就会听到正确的话。"

正确的话？那就是愿望！比其他什么都重要的是，我希望我的儿子不要成为一个聋哑人。

多年以前，我曾写过：**“我们唯一的限制是那些我们在自己的心中树立起来的限制。”**这是第一次，我想要知道，自己曾经说过的这句话是不是真的。在我面前，躺在病床上的是一个刚刚出生的孩子，他天生就没有听力。虽然他有可能学会听和说，但他的生活显然一开始就被毁灭了。当然，这有一个限制，就是这个孩子还没有自己的心理意志。我想我能做些什么。无论如何，我都要找到一个方法，将我的强烈愿望移植到这个孩子的心中，在没有听力帮助的情况下，我需要找到一些方式将这些想法传递到他的大脑。

当这个孩子长到足够大，能够与人交流的时候，我将会把能听见声音的强烈愿望完全填满他的心中，而大自然会用他自己的方式，让这个愿望变成对应的现实。所有这些想法都是在我自己的脑海里进行的，我没有对任何人说起过。每天，我都会重复已经对自己做出的这个承诺，我不会接受儿子成为一个聋哑人。

随着年龄的增长，他开始能够注意到周围的事物，我们发现他有微弱的听力。当他长到一般孩子通常开始说话的年纪时，他并没有试图开口说话，但是我们可以通过他的一些行动判断出来，他可以轻微地听到某些特定的声音，那就是我想要知道的事情！我确定，如果他能够听见，即使是轻微的，他就能够发展出更强的听力。然后，发生了一件事，给了我希望。而这件事，完全出乎我们的意料，它就这样自然而然地发生了。

我们买了一台唱机。当孩子第一次听到音乐的时候，他就欣喜若狂，并且立即拨动了唱机。很快，他就表现出对某些歌曲特别的喜爱，其中有一首歌就是《去蒂珀雷里的路很长》。有一次，他一遍又一遍地听着这首歌，将近有两个小时的时间，他就站在唱机前面，用牙齿紧紧地咬着唱机盒子的边缘。他这种自动形成的习惯，直到很多年以后我们才清楚；因为那个时候，我们从来没有听说过任何有关“骨传导”可以传递声音的理论。

在他拨动唱机不久之后，我发现，当我用嘴唇触碰他的乳突骨时，他能够很清楚地听见我说的话。这些发现让我知道，我已经拥有了确切的媒介，可以将我强烈的愿望传递给我的儿子，帮助他发展听力和说话的能力，这个愿望可以变成现实了。从那时开始，他能够说出一些特定的词语。当时看起来前景其实一点儿也不乐观，但是有信心支撑的愿望绝对不会接受“不可能”这样的借口。

当我确定他能够清楚地听见我的声音时，我就开始往他的心里灌输聆听及说话的愿望。我很快发现，这个孩子喜欢听睡前故事，所以我继续努力，编出了很多故事，让他能够发展出自力更生、想象力和敏锐的感觉，愿意和正常人一样听见声音。在所有的故事里，有一个很特别，每一次讲这个故事的时候，我都会给它加入新的、戏剧性的色彩。讲这个故事的目的，是要在他心中形成一种思想，那就是他的缺陷并不是自己的责任，反而是他的一种资产。

尽管我研究过的所有理念都清楚地表明，**每一个逆境，都能培育具有同样力量的优势的种子，**但是我也必须承认，对于如何将痛苦转变成真正的资产，我其实没有任何的想法和把握。然而，我必须坚持自己的睡前故事，并将这一理念和故事融合在一起，传递给我的儿子。我希望会有那么一天，他能够制订一些计划，将自己的障碍服务于某些特定的目的。

理性其实很坦白地告诉我，实际上，人生对于天生就没有耳朵、天生没有听力的人，其实是没有任何补偿的。但是依靠着信心支撑的愿望，我将这些怀疑丢在了一边，激励自己继续下去。

当我后来回想之前的经验，并加以分析，我可以知道的是，我在儿子心中种下的信心其实和后来发生的惊人结果有着莫大的联系。他对于我告诉他的事情，从来没有任何怀疑。我使他相信一个观点，那就是他比他的哥哥有一种明显的优势，而且这个优势会体现在许多方面。例如，学校里的老师会观察他有没有耳朵，而这是因为，他们对他有着特别的关注，而且赐予了他非凡的善意。他的老师们也确实是这样做的。他的妈妈会去学校拜访老师们，并且请求他们给孩子必要的额外关注。我还使他相信，当他长大到可以去卖报纸的时候（他的哥哥这个时候已经开始去卖报纸了），他和哥哥相比将有一个很大的优势，因为人们会付给他更多的钱来购买报纸。尽管他是一个没有耳朵的孩子，但是人们还是能够看到他是一个聪明、勤奋的孩子。

我们注意到一个事实，渐渐地，孩子的听力在改善。此外，他并没有因为自己的缺陷而产生丝毫的自卑倾向。在他大概 7 岁的时候发生的一件事情，第一次表明我们在他心中所埋下的想法已经开始奏效。几个月来，他都在向我们祈求卖报纸的权利，但是他的母亲不同意他这样做。因为她很害怕，失聪的儿子独自跑到街上会遇到不安全的事情。最后，他决定要自己来做这件事情。一天下午，当他和保姆被留在家里的时候，他从厨房的窗户爬了出来，慢慢滑到了地上，然后将自己的身体从门缝中挤了出来。他从邻居鞋匠那里借了 6 美分作为资本，买来报纸，卖完了之后，他拿钱再去批发报纸，就这样一直重复，卖到了深夜。最后，他不仅还清了借来的 6 美分，还得到了 42 美分的利润。那天晚上当我们回到家的时候，发现他在床上睡着了，手里紧紧地攥着自己赚来的钱。他的母亲从他的手里把硬币拿了出来，并且哭了起来。哦，天哪！

因为儿子的第一场胜利而激动地哭泣，显得不那么合适。我的反应和他的母亲相反。我是由衷地笑了，因为我知道所付出的那些努力，在这个孩子的心里种下了信念的态度，自己的尝试也获得了成功。而且，这次成功是百分之百的，因为他已经开始主动地去做生意，并且取得了胜利。对于他的这次交易，我感到很高兴，因为我知道，他已经显示出了一种迹象，那就是他拥有了无论在人生当中遭遇什么困难，都能够用自己的机智解决问题的品质。

后来的事情也证明我的想法是对的。当他的哥哥想要得到什么东西的时候，就会躺在地上，不停地踢脚，大哭大闹，想要用这种方式来乞求父母。但是当“小聋孩子”想要什么东西的时候，他就会通过一些计划来赚钱，然后用赚来的钱买。直到现在，他仍然是这样做的。说真的，我儿子的亲身经历告诉我，只要他们坦然接受自己的障碍，并且不以此作为不去努力的托词，那么障碍可以转化成追求一些有价值的目标的垫脚石。

这个“小聋孩子”顺利通过了小学、初中、高中和大学的教育，尽管一直没有办法听到老师在说什么，除非他们近距离地对他大声喊叫。他没有去聋哑学校读书，我们也没有允许他去学习手语。我们决定，他应该过正常的生活，和正常的孩子一起。我们一直都坚定地遵循着这个决定，虽然这让我们经历了很多次和学校领导的激烈争论。

当他上高中的时候，他曾经试过电动的助听器，但这对他来说没有丝毫价值。因为我们之前就知道：在这个孩子 6 岁的时候，芝加哥的 J. 戈登·威尔逊博士曾经给他做过检查，他检查了这个孩子的头脑一侧，发现确实没有任何天生的听力存在。

在他上大学的最后一周里（手术已经过了 18 年的时间），发生了一件事情，这标志着他人生中最重要的转折点来了。通过似乎是某一种偶然的机缘，他拿到了另一种电动的听力设备，而这将是他的最终审判。对于要不要试试这个设备，他一直很迟疑，因为之前有个类似的设备已经被证明是无效的。最后他决定还是戴上它试一试，大概是偶然的一个举动，他把这个设备放在了头上，打开了电源开关。神奇的事情发生了：如有神助，他和正常人一样听见声音的毕生愿望终于实现了！在他的人生中，第一次，他和其他任何拥有正常听力的人一样真真切切地“听”到了声音。

“上帝总是以神秘的方式，来执行他的神迹。”因为这个助听设备，他被带进一个完全不同的世界，这个世界的变化让他喜出望外。他马上跑到电话旁边，拨通了母亲的电话，很高兴地听到了她的声音。第二天，他清楚地在课堂上听到了教授的声音，这在他人生当中还是第一次！之前只有在非常近的距离内，他们对着他大声喊叫的时候，他才能听到。现在他能够听到广播，能够观看有声电影。人生中第一次，他可以和人们自由地交谈，而没有和他们大声说话的必要性。诚然，他已经进入一个完全改变了的世界。我们拒绝接受自然的错误，然后，通过坚持自己的愿望，靠着可能是唯一存在的实际方法，让自然改正了这个错误。

愿望已开始支付股息，但胜利尚未完全取得。这个男孩仍然需要寻找，直到找到能够将他的缺陷转变成同等资产的实用和确定的方法。

对于已经发生的这些事，究竟有多重大的意义，我的儿子还没有完全意识到，但是他还是陶醉在自己所发现的新世界里，这个有声音存在的欢乐世界。他写了一封信给助听器的制造商，热情洋溢地介绍了自己的经验。某些东西也许没有那么明明白白地在信中写出来，但是却深藏其中，这让这家公司向他发出了邀请，他们请他去纽约。当他到了那里后，他被领着参观了工厂，当他在和首席工程师交谈的时候，他说到了听见声音之后自己进入的新世界，一种预感、一种思想或者是一种鼓舞——无论你怎么形容它都好——从他的脑海中一闪而过。就是这种思想的冲动，帮助他将自己的缺陷变成了资产，也必将给他带来金钱的回报，同时产生的，还有难以衡量的精神上的幸福和开心。

这种思想冲动是这样的：他忽然想到，他可能会帮助数以百万计有听力障碍的人，他们一生可能都无法借助听力设备听到声音；如果能找到一种方法来告诉他们，他的世界有怎样的改变的话，他可能真的能帮到他们。从那时起，他做出了一个决定，要将自己的余生都致力于服务有听力障碍的人。整整一个月，他进行了一项密集的调研。他分析了听力设备制造商的整个市场销售系统，制订了与世界各地听力有困难的人进行交流的方法和手段。通过这些方法，他可以和他们分享这个新近发现的“改变了的世界”。当这些完成之后，基于自己的发现，他写了一份两年的计划。当他把这份计划递交给公司的时候，他立马被授予一个职位，他可以在这个职位上为数以千计的聋哑人带来希望和实际的救助。如果没有他的帮助，这些人将注定永远活在自己的世界里。

在他和助听器制造商联系之后，他邀请我参加公司开办的一次课程，课程是教聋哑人听和说。以前我从来没有听说过这种形式的教育，所以我去参加了这个课堂，持一定的怀疑态度，但还是希望我的时间不会被完全浪费掉。在那里我看到了一场演示，那是我用来激发和保持儿子像正常人一样听见声音的渴望所做过的，那场演示是我所用方法的扩大版。我看到了聋哑人居然被教导要去听和说，而应用的原理，就和我20年前为救治自己儿子的聋哑症所用的完全一样。

因此，在一些奇怪的命运之轮的转动下，我的儿子布莱尔，还有我，都注定要对那些尚未出生和正在这个世界上生活着的聋哑人提供帮助。据我所知，我的儿子布莱尔是唯一的活生生的例证，可以证明聋哑症可以被纠正，聋哑人虽然遭受了苦难，但还是能够过上和正常人一样的生活。这个奇迹已经发生过一次了，它同样也能发生在其他人的身上。

如果布莱尔的妈妈和我没有像现在这样去塑造他的思想，那么我敢肯定，毫无疑问地，布莱尔整个一生都将会过着又聋又哑的生活。曾经见证了布莱尔出生的医生，一开始就很笃定地告诉我们，这个孩子可能永远不会有听或说的能力。

当布莱尔长大成人后，欧文·沃里斯博士，这一领域的著名专家，对布莱尔进行了一次彻底的检查。当他得知我的儿子现在具有如此水平的听和说的能力时，他感到很惊讶。他还告诉我们，他的检查表明，“从理论上说，这个孩子应该是完全没有可能听到声音的”。尽管 X 射线照片也显示他的头骨没有任何开口，可以将他的耳朵连接到大脑，但是布莱尔还是奇迹般地听到了声音。

当我在布莱尔的心中种下学会听和说，像正常人一样生活的强烈愿望之后，他的身上就发生了一些奇怪的事情，让造物主变成了搭桥者，跨越了他的大脑和外部世界之间的沉默深渊，通过一些连最前沿的医学技术也一直无法实现的手段让他获得了听和说的能力。对我来说，去猜想造物主究竟是如何创造了这个奇迹，就是亵渎了愿望的作用。对于这个奇怪的经验，如果我忘了告诉世界我所知道的哪怕是其中最不起眼的一个部分，我都觉得是不可饶恕的。人只要有强烈的愿望支撑，还有坚定的信念，那么就没有什么是不可能的，对于这一点，我认为应该无条件地相信，毫不怀疑，并且我觉得这是我的责任。**一个强烈的愿望，总有能够转变为现实的方式**，对于这一点，我也毫不怀疑。布莱尔渴望听力正常，现在他就做到了！他天生有残疾，这可能很容易让他形成一个有具体定义的愿望，因为对他来说，可能通往任何愿望的道路都是艰辛的。但是，最终这种残疾成为他能够向数百万听力障碍人士提供服务和帮助的媒介，而且也给了他足够的经济回馈，使他完全能够自给自足，满足生活的需要。当他还是个孩子的时候，我在他的脑海中埋下了小小的“善意的谎言”，让他相信自己的痛苦最终可以成为一种可以利用的资产，能够证明其存在的意义。强烈的信仰，再加上强烈的愿望，可以让任何梦想最后都结出美丽的果实。这些对于所有人来说，都是唾手可得的。

在我跟很多有个人问题的男性和女性打交道的经验中，从来没有哪个个案能够像布莱尔这个案例一样更明显、确定地展示出愿望的力量。作家们经常会犯错误，去触碰一些相关知识储备比较肤浅或基本知识匮乏的主题。但是通过我儿子痛苦的经历，我反而拥有了测试愿望力量合理性的特权，这对我而言是一种特殊的运气。当这种情况发生在布莱尔身上的时候，我想这应该是一种天赐的优势，因为不会有其他人比他准备得更好，来进行这个关于愿望力量的测验。如果造物主一定要压制愿望的意志，那么只有人类才能够战胜强烈的愿望吗？人类心灵的强大力量对所有人来说都是陌生和无法估量的！我们不理解这种力量使用的每一种情况，如何作用于每一个个体，如何让每一个愿望转变为现实的存在，这些手段和方法我们无法全部了解。也许有一天，科学将揭开这个秘密。在我儿子的心中，我种下了和正常人一样听和说的愿望，现在这个愿望已经成为现实。我在自己的心中种下了另一个愿望，就是希冀他人生当中最大的障碍能够成为他最重要的资产。这个愿望也变成了现实。

这个令人惊讶的结果是怎样形成的其实也不难形容。它包括三个非常明确的事实：首先，我将对于正常听力的渴望和信心一起传递给了我的儿子；其次，我用各种可能的方式向他传递了这个愿望，通过10年持续不断的努力；再次，他始终相信我！

几年前，我的一个合作伙伴病倒了。随着时间的推移，他的情况变得更糟了。最终，他被送往医院，准备接受手术。就在他被推进手术室之前，我去探望了他，想要看看这样瘦弱和虚弱的他，怎样才能经受住这样一次重大的手术。他的医生告诉我，这可能是我最后一次见到活着的他了。但是，这只是医生的说法，这并不是病人自己的想法。在他被推走之前，他有气无力地低声说：“我希望不被人打扰，清静一下，几天之后我应该就能出院，离开这里了。”

护士听到这话，露出了怜惜的表情。但神奇的是，这个患者真的安全挺过了这次手术。在一切都结束之后，他的主治医生说：“没有其他任何原因，只是他自己求生的愿望救了他。如果不是因为他拒绝了接受死亡的可能性，他绝不会渡过这次难关。”我相信，有信仰支持的愿望绝对拥有惊人的力量，因为我已经亲眼看到这种力量使得从卑微的起点出发的人们，站在了权力和财富的高峰；我也看到这种力量成为被千百种不同方式打败的人们还能够东山再起的依靠；我看到它提供给我的儿子一种正常、快乐、成功的人生，尽管造物主将他派到这个世界上时，并没有给他耳朵。

一个人要怎样来控制和使用愿望的力量呢？在本书的后续章节当中，这个问题将会得到回答。

我想要告诉你们的是，**所有的成就，不管其本质是什么，有什么样的性质和目的，必须开始于对某些事物强烈的、熊熊燃烧的愿望。通过一些奇怪和强大的“精神化学作用”，强烈的愿望绝对不会承认“不可能”这样的词语存在，并且不会接受失败的现实。**

第　三　章

致富第2步——信心：清晰可见的信心，对愿望的信心

信心是所有财富积累的起点，是“永恒的万能灵药”。信心和思想的震动融合的时候，潜意识会立即发生作用，赋予突发奇想以生命、力量和行动，通过祈祷和愿望的形式，产生无穷无尽的智慧。

信心是大脑中主要的催化剂。信心和思想的振动融合的时候，潜意识会立即发生作用，将其转化为它的精神等价物，通过祈祷和愿望的形式，产生无穷无尽的智慧。

信心、爱和性是所有主要积极情绪当中最为强大的。当这三者融合的时候，就能够达到给思想的振动“上色”的效果，通过立即激发潜意识的方式，使自身被转化成精神等价物，并且能够让无穷无尽的智慧来响应，跟随它一起振动，发挥巨大的作用。爱和信心属于精神上的积极情绪，涉及人的精神方面。性是纯粹生理上的积极情绪，涉及人的身体方面。混合也好，融合也好，这三种情绪都有同样的效果，能够打开阻隔在有限思考和无穷智慧之间的大门，让这两者能够直线沟通。

如何培养信心

通过对潜意识肯定或者反复说明的方法，也就是自我暗示，信心也会是一种可以被诱发或创造的思想状态。比如，你可以考虑一下，对你来说阅读这本书的目的是什么。自然，目的肯定是想要获得将愿望的无形的思想冲击转化为相对应的实际，也就是获取金钱的能力。遵循关于“自我暗示”这个章节的指示，这个部分会总结自我暗示的潜意识，你可以说服潜意识，你就会相信你所祈求的一切都会得到，它会照着这个信念行事，你的潜意识会以“信心”的方式反馈给你，并获得你所希望的东西的明确计划。

一个人获得信心的方法，如果从来没有尝试过的话，想要对他/她说清楚，恐怕是非常困难的。这就像对一个从来没有见过颜色的盲人形容“红”这种颜色，他会很难理解，因为他没有相应的经验来比较你的描述。在你掌握了13条原则之后，“信心”就是一种你可以随意培养出来的思想状态，因为这是一种通过应用这些原则，就可以自行开发出来的思想状态。不断地对潜意识重复命令，是目前所知的唯一一种自行培养信心的方法。也许通过阐述人们在某些时候会变成罪犯的例子，你可以清楚地理解这句话的意思。一个著名的犯罪学家曾经说过这样一句话：“当人们第一次接触犯罪的时候，他们会痛恨它。如果他们和犯罪持续接触一段时间，他们就会习惯它的存在，并且忍受它。如果继续和犯罪接触一段足够长的时间，他们最后就会拥抱犯罪，被犯罪影响到自己的行为。”

也就是说，任何反复传递给潜意识的思想冲动，都可能会被潜意识接受并实践，并通过最切实可行的方法，继续将这种冲动转化成同等意义的实际存在。在这个层面上，再考虑以下的陈述，所有被情绪化的思想（特定的感觉）一旦和信心相结合，就会立即转变成同等意义的实际存在。

思想的情绪或者“感觉”部分，是赋予思想活力、生命力和行动力的关键因素。信心、爱和性的情绪，当和任何思想冲动结合的时候，都可以产生比任何一种单一的情感更为强大的行动力。不仅仅是和信心结合的思想冲动，那些和任何积极情绪或者负面情绪结合的思想冲动，都可能会达到影响潜意识的效果。

从这种表述，你就会明白，潜意识会转化成同等意义上的实际情况，那么负面的或者破坏性的思想冲动，也会和积极的或者建设性的思想冲动一样，非常容易影响到人们的行为，产生实际的效果。这就能够解释很多人所经历过的，被称为“不幸”或者“坏运气”的奇怪现象是如何产生的。

现在，成千上万的人都相信自己生下来就注定贫穷和失败，因为他们相信有一些自己无法控制的力量在主导他们的人生。实际上，他们的贫穷和失败来源于自己,因为这种负面的信念被他们的潜意识接收到，就变成了相对意义上的实际情况。

所以，我觉得这是一个合适的时机，在此向你们提出这样的建议，通过传递给你们的潜意识,将你们希望变成现实或者等价物的任何愿望，形成一种预期或者有信心的状态，然后这种转变就真的会发生。你的信心或者信仰，是让你的潜意识产生行动力的必备因素。通过自我暗示的方式，你就完全可以“欺骗”自己的潜意识，正如我“欺骗”布莱尔的潜意识一样。

如果你已经准备好了拥有你所一直要求得到的东西，当你在召唤潜意识的帮助时，为了使这种“欺骗”更容易实现，你应该完全相信它，就像它是真的一样。通过最为直接和实际的可用媒介，潜意识会转变成等效的现实，任何以信任或者信仰状态传递的命令，最后都会被忠实地执行。

当然，一个人可能会通过实验或者练习，来获得这种将信心和任何传递给潜意识的命令相结合的能力，这是开始实现梦想的起点，关于这一点已经说得够多了。通过不断地练习，才能够获得完美。仅仅是阅读这些说明，当然是不够的。

一个人长期接触犯罪就能变成一个罪犯，这样的理论如果是真实的，那同样，人们可以通过自我暗示的潜意识来培养信心，这也应该是可以成立的理论。这种思想最终会培养出支配性的力量。明白了这个道理，你就知道为什么这样做是必不可少的：**你要鼓励积极的情绪成为主**

导你心灵的力量，同时也要抵制和消除负面的情绪。

被积极的情绪主导的思想，能够成为一种良好的心态，也就是我们所说的信心。这种占据主导地位的思想，能够随时给潜意识下指令，潜意识会接收到它的指令，并且立即采取行动。

信心是一种思想的状态，它可以被自我暗示引导出来。

自古以来，宗教学家都教导人们要信仰某种信条或教条，但是他们忘记教会人们如何才能拥有信仰。他们没有陈述清楚，信心就是一种思想的状态，通过自我暗示的方式，信心就能够被诱导。

通过任何正常人都可以理解的语言，我们将让所有的人知道，通过这些原则可以发展出信心，不论你是曾经拥有过它，还是它从来没有在你的生活中出现过。

对自己有信心，信心的力量是无限的。

在开始之前，我应该不厌其烦地再次提醒的是：**信心是“永恒的万能灵药”，它赋予突发奇想以生命、力量和行动**！这句话绝对值得被一而再，再而三地重复诵读。它值得被大声说出来！

信心是所有财富积累的起点！

信心是一切“奇迹”以及所有科学法则无法分析的奥秘的根基！

信心是唯一已知的失败的解药！

信心是重要元素、化学物质，一旦与祈祷结合便能令你与上帝直接沟通。

人类的智慧固然有限，普通的灵感闪现一经信心指点，便会转换成精神震撼。

信心是唯一的中介，通过它，上帝的宇宙力量会成为人类开发和利用的资源。

之前我们说到的每个人都可以证明这段话！

这个证明很简单，也很容易表现出来。它隐含在自我暗示的原理中。因此，让我们集中注意力在自我暗示的主题上，找出它是什么以及是如何实现的。

众所周知，如果一个人反复对自己陈述一件事，无论这种陈述是真还是假，他最后都会接受并且相信这件事。如果一个人一遍又一遍地重复一个谎言，那么谎言最终也会被接受为事实。而且，它也会被当作真理接受，会被认为是真的。我们每个人之所以是自己，就是因为占据主导地位的思考控制了我们的头脑，使我们相信它所发出的一切。被刻意灌输到我们心中并且被不断同情和鼓励的想法，如果和任何一种或者多种情绪混合在一起，就会构成激励的力量，会直接控制我们的每一个动作、表现和行为！

与任何情绪感觉相结合的想法，都能够激发出一种神奇的力量，通过其中任何一种或者与其类似、相关的想法的振动，能够吸引到不一样的力量。

与情绪产生"磁化"作用的想法可以比作一粒种子，这粒种子被播撒在一片肥沃的土壤上，发芽，成长，并且不断地繁殖，直到这粒小小的种子变成百万粒同样的种子。

天空是一片依靠振动的永恒力量存在的伟大宇宙。它由破坏性的振动和建设性的振动同时组成。无论何时，它都存在恐惧、贫穷、疾病、失败、不幸的振动，但也同时存在繁荣、健康、成功和幸福的振动，就像它同时承载着上百种乐器的声音、众多喧哗的人声。所有这些都保持了它们的个性，通过各种聆听的方式，能够清楚地辨别出来。

从天空的巨大能量仓库中，人的思想也在不断地吸引与主宰心灵的和谐振动。任何思想、观念、计划或目的，从天空的振动之中获得，被人们的思想所持有，都会吸引到同样的振动力量，并且能将这种力量叠加，让它生长，直到占据主导地位，成为这种力量所居住的头脑中的激励大师。

现在，让我们回到起点来看看，究竟一种想法、计划或者目的的原始种子是如何被“种植”在脑子里的。其实这种方法很容易理解：任何想法、计划或者目的都可以通过思想的重复被放置在脑海里。这就是为什么我会要求你写出自己的主要目的，或者是确定的主要目标，并且每天不断诵读，以能够听见的声音的形式重复它，一天又一天，就是为了让你坚持到这些声音的振动能够抵达潜意识的那一天。

我们之所以成为现在的我们，就是因为通过日常环境中刺激物的振动，我们挑选和接受了其中某些思想的振动。

如果你想要摆脱任何不幸环境的影响，想要建立自己的生活秩序，你就需要这样做。盘点你的精神资产和负债，你将会发现，你最大的弱点就是缺乏自信。这一障碍是可以被克服的，胆怯是可以被转化成勇气的，这也要通过自我暗示的原则。这一原则的应用可能是通过一种简单的方式，就是将积极的思想冲动通过书写、记忆和重复不断地传达给自己，直到它们成为你心灵潜意识的自然发生机制的一部分。

自信的法则

第一，我知道我有实现自己生命中所有确定目标的能力，因此，我会要求自己用坚持不断的行动来向实现目标前进。我承诺会马上这样开始行动。

第二，我知道，主导我思考的想法，最终会完成自我的转型，转变为外化的、实际的行动，然后再转变为确切的现实。因此，我会每天花 30 分钟的时间专注于自己的冥想世界，想想我打算成为的那种人，最后就会在我的脑海里形成一幅清晰的想要成为的那种人的画面。

第三，我清楚地知道自我暗示的原则，我脑海中坚持的任何愿望，最终都会通过某种实际的、支撑目标实现的方式，确切地表达出来，因此，我每天会花 10 分钟的时间，来要求自己培养自信心。

第四，我已经清楚地将此生中确定的主要目标写下来了，我将永远不会停止努力，直到我已经培养出能够实现它的足够的自信。

第五，我完全清楚地认识到，没有任何财富或者地位是能够长久存在的，除非是建立在真理和正义的基础之上，因此，那些不能让身处其中的人获益的工作，我是绝对不会去从事的。通过吸引那些自己想要使用的力量，以及其他人的合作和帮助，我才能最终成功。我会引导他人来帮助和服务我，因为我也愿意为他人服务。通过开发对全人类的爱，我会努力消除仇恨、忌妒、猜疑、自私和愤世嫉俗。因为我知道，对别人抱有消极的心态，是永远不会带给我成功的。我将会让其他人相信我，因为我对他们有信心，对自己也有信心。我会在这个法则上签下自己的名字，将它牢记在心中，并且带着饱满的信心，每天重复朗读一次。通过这样的方式，逐渐影响我的思想和行动，我将能够成为一个自力更生的成功人士。

这个法则的背后，起作用的是自然规律，至今尚没有人能够解释这一规律。一直以来，这也困扰了很多科学家，让他们百思不得其解。心理学家将这个规律命名为“自我暗示”，让它自由发挥作用。其实，人们怎样称呼这个规律一点儿都不重要。关于这个规律，一个重要的事实是：如果被建设性地使用，它能够为人类带来成功和荣耀。但是同样也是这个规律，如果被破坏性地使用，也很容易造成损害。从这样的说法中，也可以发现一个显而易见的真理，即那些让自己的一生深陷于贫困、苦难和痛苦之中的人，之所以会有这样的人生，是因为自我暗示的原理在发挥负面作用。为什么会有这样的真理呢？是因为思想的冲动都有一种倾向，一定要达到同等的实际效果，基于这样的事实，自我暗示会发挥实际的作用。

潜意识（所有的思想冲动会在脑海的化学实验室中相结合，并且随时准备好转变成相应的实际），无论是建设性还是破坏性的思想冲动，其实没有区别。它通过我们灌输的思想来起作用，被我们的思想冲动所驱使。被恐惧驱动的思想，潜意识会将它转化成现实，同样，被勇气和信心驱动的思想冲动，潜意识也会将它转化成现实。

“自杀暗示”的情况非常丰富，以至于在整个精神病发展史上能找出无数案例来。“自杀暗示”指的是，通过消极的暗示，一个人能够通过尽可能有效的其他手段来完成自杀的行为。在美国中西部的一座城市，有一个名叫约瑟夫·格兰特的银行职员，未经主管同意，从银行“借”了一大笔钱。这些钱全让他赌博输掉了。一天下午，银行查账员来到银行，开始检查账目。格兰特逃离了银行，在当地的酒店开了个房间。三天之后，当人们发现他的时候，他正躺在床上，哀号和呻吟着，一遍又一遍地重复着一句话：“我的天啊，这会杀了我！这是无法忍受的耻辱！”在被发现后不久，他就死掉了。医生判定这种情况就是“精神的自杀”的一个案例。

正如电的发明驱动了工业的发展一样，如果能够建设性地使用它，就能够提供有益的服务；如果它被错误地使用，就会扼杀生命。所以自我暗示的原则会根据你理解和应用它的程度，引领你获得和平和繁荣，或者让你坠入痛苦、失败和死亡的深谷之中。

如果你让恐惧填满了心房，并且连带着怀疑与不相信自己的能力，这样的情况再和无穷的智慧的力量相结合，那么自我暗示的法则就会让你产生不信任自己的情绪，并且会创造一种将你的潜意识变成相应的糟糕现实的模式。

这种说法绝对是真理，就如同 2+2=4 一般不可撼动。

就如同有一阵风将一艘船驱向东方，另一阵风将船驱向西方一样，自我暗示的法则会根据你所设置的思想的帆，将你托上去，或者拉下来。

自我暗示的法则，能够让任何人上升到难以想象的成就高度。这种力量，下面的诗句能够很好地描述：

如果你认为你是失败的，那你就是；如果你认为你不敢，那你就不敢。如果你想赢，但是认为你赢不了，那你几乎就赢不了；如果你认为你输了，那你就是输了。因为我们发现，世界上的成功是从一个人的意志开始的，它是一种心态。在人生的征战中，胜利并非总是属于更强和更快的人，但胜利者终究是属于那些认为自己能行的人！

好好读一读上面诗句中被强调的话，你就能理解藏在诗人想法中的深层意义。

在你身体的某一处（也许在你的大脑细胞中），其实说不定就埋藏着正处于沉睡当中的成功的种子，如果你能将其唤醒并付诸行动，那么它就可能带你到达你从未希冀过的人生高峰。

正如音乐大师能够通过拨动小提琴的琴弦让最悦耳的音乐流淌出来一样，你也可以让大脑中沉睡的天才复苏，并让它推动你行动，带着你上升，达成你希望实现的任何目标。

在 40 岁之前，亚伯拉罕·林肯无论在尽力尝试过的哪件事情上，都是一个失败者。直到一个伟大的经验冲击了他的生活，将深藏在他内心和脑海中沉睡的天才唤醒，他才从一个无人知晓的小人物一跃成为人人皆知的大人物，也让这个世界又多了一个真正伟大的人物。这一“经验”是关于悲伤与爱的情感混合，它是通过林肯唯一真正爱过的女人安妮·拉特利奇来到他面前的。

众所周知，爱的情感是与信仰极其类似的一种思想状态，正因为如此，爱的情感才能像信心一样，能够将人的思想冲动转换成相应的精神力量。在研究中，笔者通过分析数以百万计的优秀、成功的男人的成就，发现几乎每个人都不同程度地受到了爱情的影响。

爱的情感，在人的心脏和大脑中，产生了一片具有强大“磁引力”的气场，这个气场会产生一股更为高频和细微的振动，并且涌入整个太空的能量场之中。

让我们来看看信仰的力量。通过一个众所周知的伟大人物印度圣雄甘地的经历，这一点就可以被明确地证明。甘地的经历，在世界文明史上，是最为惊人一个例证，他让全世界看到了，信心的力量能够强大到何等地步。甘地比他所生活时代的其他任何一个人所激发出的潜在力量都要多，尽管他没有掌握任何和权力有关的正统的工具，例如金钱、战舰、士兵和作战的物资等。甘地没有钱，也没有一个家，他甚至没有一套自己的衣服，但他却拥有力量。这种力量究竟是从何而来的呢?

他创造了一套属于自己的对信仰原则的理解，并且通过他的能力，将这种理解输送给数百万人，让他们都收获了信仰。

通过信仰的影响，甘地完成了世界上哪怕是最强大的军事力量也永远不可能实现的事情，就算是装备了士兵和军事装备齐全的军队，也比不上他的力量。他做到了，影响了 2 亿人的头脑，并且让他们能够行动一致，创造了世界历史上一次关于思想的惊人壮举。在这个地球上，除了信仰之外，还有其他什么力量能创造这样伟大的成就呢？

在 20 世纪中期，马丁·路德·金怀揣着所有人都应该拥有人权的信仰，带领一群跨越了种族、宗教和信仰的男男女女，加入争取民权的斗争中。他有一个梦想，人们不应该因为自己的肤色被他人歧视，尤其是在他们的性格特点还没有被充分认识到的时候。他所做的一切和他的死亡，引领了民权运动史上的巨大进步，而且，还激励着其后的人们继续为这个目标而奋斗。

人类未来奋斗的方向应该是获得幸福和满足，当所有人都能达到这种思想状态的时候，这样的奋斗成果就会自发地被后代所继承，而且比其他任何成就都要有效。如果人们没有将信仰与个人的利益以及自己的劳动结合起来，那么就算获得了一定的成就，也不会有太好的效果。

众所周知，经营企业需要信心和合作，所以去分析企业家和商人是如何通过对这一方法的理解积累了巨大的财富，才既有趣又有借鉴的意义。在他们尚未理解这一方法前，获得财富也是比较困难的事情。

为了说明他们获得财富的方法，本书中选举的事例可以追溯到 1900 年，那个时候，美国钢铁公司才刚刚成立。当你阅读这个故事的时候，一定要记住其中的基本事实。只有这样你才会明白，想法是如何被转化为巨大的财富的。

第一，如今规模巨大的美国钢铁公司以一个想法的形式诞生于查尔斯·施瓦布的心中，他通过自己的想象力，创造了这样一家公司！第二，他将自己的想法和信心结合在了一起。第三，他制订了切实的计划，将自己的想法转化成对应的现实。第四，他将自己的计划付诸行动，他的行动始于在大学俱乐部的那场著名演讲。第五，他实施并且一直追随自己的计划，靠着对计划的坚持，并且有决心的支撑，最终，他将整个计划完完全全地付诸了行动。第六，靠着对成功的强烈愿望，他做好了成功的准备。

巨大的财富是如何积累的？如果你经常感到好奇的话，那么，这个关于美国钢铁公司创立的故事将具有一定的启发性。如果你对于人们可以通过思考来致富存有任何疑虑，那么，这个故事应该可以打消你的怀疑。因为你可以清楚地见证美国钢铁公司发展的脉络，它就是运用了本书中所描述的 13 个原则，才会如此成功。

约翰·洛厄尔曾经在纽约《世界电讯报》上写过一个故事，经过他的允许，这个故事被转载到本书中。它能够告诉我们，一个想法所产生的惊人力量能有多么戏剧化。

价值 10 亿美元的餐后演讲

在 1900 年 12 月 12 日的那天晚上，大约 80 个财富新贵聚集在第五大道的宴会厅，为了欢迎其中一个年轻人的加入；这里正在举办一场大学俱乐部的聚餐。当时在场的客人中，应该不会有超过 10 个人能够意识到，他们将要见证美国工业历史上最为重要的一幕插曲。

爱德华·西蒙斯和查尔斯·斯图尔特·史密斯，他们的心中充满了对查尔斯·施瓦布的感激之情，因为在他们最近一次访问匹兹堡期间，查尔斯盛情款待了他们。所以，他们安排了这场晚宴，想要把这位 38 岁的钢铁企业家介绍给东部的这些银行家。但是他们并没有想到，查尔斯会成为这场聚会的焦点。实际上，他们已经警告过查尔斯，纽约这些自命不凡的企业家们对演讲都不感兴趣。如果他不想让在座的斯蒂里曼、哈里曼和范德比尔特厌烦的话，最好将演讲礼貌地控制在 15 到 20 分钟的范围之内，而且不用在乎大家的冷淡反应。

即使是坐在施瓦布右首边的约翰・皮尔庞特・摩根（当时已经是摩根帝国的领袖），也只是出于礼貌出现在餐桌上，只打算短暂地停留。而对媒体和公众而言，整个宴会本来应该是对他们毫无影响的，所以也不会在第二天以大篇幅报道的形式出现在他们的面前。

所以宴会的两个主人和这个尊贵的客人就像以往一样，正常穿梭在所有来宾之中，举杯，碰杯。他们几乎很少有对话，就算是对话，内容也是极其克制的。几乎没有在场的银行家和股票经纪人在此之前见过施瓦布，他们的职业生涯大都是在莫农格希拉沿岸的银行度过的，所以他们几乎都不认识来自匹兹堡的施瓦布。但是这个晚上之后，他们还有他们的大财团摩根公司，将会被一股风暴席卷而过，人仰马翻，一家数十亿美元的公司——美国钢铁公司——的雏形正在被构造出来。

从历史的角度来看，查尔斯・施瓦布在那次晚宴上的演讲竟然没有被记录下来，这是不幸的。在随后一次和芝加哥银行家的晚宴上，他重复了其中的一部分。再晚一点儿，当政府对钢铁托拉斯提起诉讼的时候，他从证人席上再次发表了自己的演讲，也正是类似的版本刺激摩根卷入了这次狂热的金钱活动中。

然而，这次演讲有可能也就是一次“其貌不扬”的演讲，尽管这样说起来有点儿不合语法（语言的细微之处从来没有困扰施瓦布），但这场演讲中绝对充满了饱含智慧与思考的警句。除此之外，这个演讲最重要的部分是一个大约需要投入 5 亿元资本的钢铁并购计划，这吸引了在场食客们的注意。尽管施瓦布滔滔不绝地说了 90 分钟，演讲结束之后，在场的人们还是沉浸在其传递出的思想中。摩根也是如此，他将施瓦布叫到一边，两人坐在并不舒服的高脚椅上，腿晃来晃去，但仍然聊了一个多小时。

施瓦布淋漓尽致地发挥了他的人格魅力，但更为重要和影响更为深远的是，他为美国钢铁公司制订出了一个全面和明确的计划。在此之前,很多人都曾经试图吸引摩根财团参与到钢铁业托拉斯组织的建立中。在此之前，饼干、电线圈、糖、橡胶、威士忌、油或口香糖等行业都已经形成了自己的托拉斯组织。约翰·盖茨，一个著名的赌徒，曾经想要促成这件事，但摩根不信任他。芝加哥的股票经纪人摩尔兄弟、比尔和吉姆，曾合并过一家火柴托拉斯和饼干公司，也做过同样的尝试，但也失败了。艾伯特·加里是一个道貌岸然的乡村律师，他也想要促成这一想法，但是他还是没有足够强大到给人留下深刻的印象。直到施瓦布通过自己的雄辩，终于说服了摩根，他的演讲让摩根看到了最为大胆的金融事业的坚实基础。最后，这个项目也被认为是“赚钱狂人”的疯狂梦想。

早在一个世纪以前，吸引成千上万个规模较小且其中一些经营不善的公司结合成为规模庞大且具有压倒性竞争力大公司的金融魅力，已经通过约翰·盖茨此前的一系列排兵布阵开始在钢铁界发挥作用。盖茨已经让美国的一些小钢铁和电缆公司结合在一起，合并成了美国钢铁与电缆公司。他还和摩根一起创建了联邦钢铁公司。美国地铁公司和美国桥梁公司是摩根公司关注的另外两个领域，摩尔兄弟放弃了火柴和饼干的业务，而是转向发展与此相关的镀锡板、钢箍、钢板业务以及经营国家钢铁公司。

但是，由于安德鲁·卡内基已经在这个国家建立了一个巨大的垂直托拉斯体系，这是一个拥有 53 个合伙人的托拉斯组织，所以其他的结合都只是小打小闹，无法撼动它的主导作用。他们可能可以将自己的核心竞争力结合在一起，但是就算是全部加在一起，也没有办法对卡内基的组织形成任何一点儿威胁，摩根也知道这一点。

古怪的苏格兰老人卡内基也知道这一点。站在他所居住的壮丽的斯基博城堡上，他已经看到了这一切，摩根的小公司试图闯入他的领域，开始是带着玩一玩的心态，接下来则发展出紧张的竞争氛围。当这个尝试开始越来越大胆的时候，卡内基的脾气开始变得暴躁，并且生出了要报复他们的心理。他决定复制对手的所作所为。到那个时候，他对于电缆、管材、电线或者是板材还是不感兴趣。取而代之的方法是，他很高兴地向这些公司出售原始钢材，任由他们将这些钢材制作成自己想要的形状。随着施瓦布成为这个领域的佼佼者和他的有力竞争者，他计划要将敌人钉死在墙上。

所以通过查尔斯·施瓦布演讲中的言论，摩根找到了一直以来困扰自己的关于合并这个问题的答案。一个没有卡内基的托拉斯组织——即使是巨大的——也不会是一个真正的托拉斯组织，就如同一位作家说的那样，“一个没有梅子的布丁，怎么能被叫作梅子布丁呢”。

施瓦布在 1900 年 12 月 12 日那一晚的讲话，无疑是在进行一个推论，虽然没有肯定地做出承诺，即庞大的卡内基企业可以被领进摩根的大门。他谈到了未来的钢铁世界，重组的效率、专业化、不成功矿场的废弃率、矿石业务的经营现状，还有管理和行政部门费用的节约以及对国外市场的掌握。

更重要的是，他告诉在座的一些善于攻城略地的“海盗”，他们这种习惯性的盗取是错误的。他指出，他们的目的是为了创造垄断的地位，抬高价格，然后依靠自己的特权获得高额的回报。施瓦布强烈谴责了这种做法。他告诉在座的听众们，这是一种短视的政策，他们忽略了这样的事实，这是各行各业都在呼吁市场不断扩大的一个时代，他们反而限制住了市场的发挥。他认为，随着钢铁的成本越来越低，一个不断扩大的市场将被创造出来；钢材的更多用途会被开发出来，世界贸易的一个便利机遇就会被激发出来，并且需要被抓住。事实上，施瓦布显然是现代化大规模生产的信徒，尽管他自己还没有意识到。

最后，在大学俱乐部的这次晚宴落下帷幕。摩根回到了家里，一直在思考施瓦布提出的美好展望。施瓦布也回到了匹兹堡，继续为卡内基的钢铁企业而忙碌着，而加里和其他人则又回到自己熟悉的证券报价机前，等待着下一步的行动。

这并没有花费太长的时间。摩根花了大约一周的时间来消化施瓦布已经摆放在他面前的理由。当他确认这样做不会导致财务上出现任何不良后果的时候，他派人去请施瓦布，并发现这个年轻人相当腼腆。施瓦布表示，如果卡内基先生发现自己所信任的公司总裁正在和华尔街的人眉来眼去，他有可能会对此感到不高兴，因为卡内基曾经下定决心不会踏足华尔街一步。最后，还是穿针引线的约翰·盖茨提出了一个计策，他说如果施瓦布是恰巧住进了费城的贝尔维酒店，而摩根也刚好在那个时候出现在酒店，然后以巧合为由来安排会面就比较合适了。然而，当施瓦布到达酒店的时候，摩根刚好生病躺在纽约的家里，所以，在这位老男人的盛情和强势邀请下，施瓦布只有去纽约，并且出现在了这个金融家的书房。

现在一些经济学家对经济史上这戏剧性的一幕，都抱持着这样一种信念：就是从开始到结束，这个舞台都是由安德鲁·卡内基搭建的；施瓦布参加的晚宴、那次著名的演讲、施瓦布和商业大亨在星期天晚上的这次会面，都是由精明的苏格兰人安排的事件。但事实却完全相反。当施瓦布被找来完成这一交易的时候，他甚至不知道“小老板”也就是安德鲁·卡内基到底会不会接受抛售的提议，尤其是交易的对象还是一群在卡内基看来是手下败将的人。但是施瓦布的确是在心里考虑过这次会议，他亲手写下了 6 张纸，分别代表了每一家钢铁公司在他心目中的现实价值。这些公司是他认为对新的钢铁联盟来说必不可少的明星公司。

四个人对着这些数字，整整思考了一个晚上。当然，其中起主要作用的是摩根，因为他在运作金钱方面的神圣权利和能力。和他一起的是一个贵族伙伴罗伯特·培根，既是一名学者，又是一位绅士。第三位是约翰·盖茨，摩根曾经鄙视他是一个赌徒，但这时候却又将他当作工具。第四位就是施瓦布，没有谁比他了解更多当时关于制作和销售钢铁的知识。在整个会议期间，施瓦布所提出的数字都没有被质疑过。如果他说一家公司值多少钱，那它就值多少钱，而不是更多。对于建立一个只存在于他提名公司范围内的联合体这一点，他也十分坚持。他设想的是这样一家公司，它不应该重复设置，更不会为了满足朋友的贪婪而允许他们将自己的公司依靠在庞大的摩根帝国上。所以他将华尔街很多充满野心的投资家们拒之门外，他们只能虎视眈眈地观望。

当黎明来临的时候，摩根站了起来，直起腰身。经过一整晚的会议之后，他的心中只剩下最后一个问题。“你认为你能够说服安德鲁·卡内基卖掉自己的公司吗？”他问。

“我可以试试。”施瓦布说。

“如果你能够让他卖，我就会来做这件事。”摩根说。

到目前为止，一切看起来都还不错。但是卡内基到底会不会卖呢？他会给出怎样的价格呢？（施瓦布估计大概需要 3.2 亿美元。）他会要求怎样的支付方式呢？普通的股票还是优先股呢？债券？现金？没有人能募集到 3 亿美元的现金。

在位于美国纽约州韦斯特切斯特郡的圣安德鲁斯高尔夫球场里，一月份有一场高尔夫比赛。安德鲁·卡内基也参加了比赛，他将毛衣领高高竖起来抵御严寒。为了让他的精神能够振奋起来，施瓦布和往常一样，口若悬河地和他聊着。但是，对于和生意相关的事情，他们只字未提。然后，他们来到了暖和的休息室。施瓦布施展出了在大学俱乐部说服 80 多个百万富翁的口才，滔滔不绝地为卡内基描绘未来的美好前景，包括令人眼红的财富和舒适的退休生活，想要让这个反复无常的老顽固能听从他的建议。最后，卡内基也“投降”了，他在一张纸条上写下了一个数字，递给施瓦布说：“好吧，这就是我要出售的价格。”

那个数字是大约 4 亿美元，其中 3.2 亿美元就和之前施瓦布预计的一样，是一个基础的数字，而加上去的 8000 万美元，就是未来两年这些企业资本价值增加的数字。

后来，在一艘正跨越大西洋的客轮的甲板上，苏格兰人卡内基沮丧地对摩根说：“我那个时候真应该再向你多要 1 亿美元。”

“如果你当时真的提出这样的要求，那么你现在也早就拿到了那 1 亿美元。”摩根乐呵呵地告诉他。

当这个消息被公之于众的时候，理所当然地引发了一片哗然。一个英国记者是这样报道的,整个国外的钢铁世界将被这个巨大组合所“震惊”。耶鲁大学校长哈德利指出，如果不立即规范这个托拉斯组织的行为，“在未来 25 年内，华盛顿就可能会出现这个国家新的‘商业皇帝’”。但是，一个能干的股市操盘手基恩很快就接手了这只新股的工作，大规模地向公众推出了这只新股，几乎是在一眨眼间，股价的规模接近 6 亿美元。所以卡内基顺利拿到了自己的百万收益，而摩根公司的收益也很快达到了 6200 万美元，就是因为他们努力完成了这次交易。而从盖茨到加里，参与其中的这些人各自也都得到了数百万的回报。

38 岁的施瓦布也收获了属于他的回报。他被任命为新公司的总裁，掌握着公司的绝对控制权，一直到 1930 年。

你刚刚读完的这个戏剧化的关于“大企业”的故事之所以会被列入本书中，是因为它也是一个完美的例证，可以证明愿望可以被转化为对应的现实!

仅仅一个无形的愿望就能够被转化成对应的现实，我想有些读者一定会对此感到怀疑。毫无疑问，有些人会说：“你绝对不能将一个什么都没有的东西转化成某种实际！”但是美国钢铁公司的故事就回答了这个问题。这个庞大的组织最初就是产生于一个人的心里。一个金融组织给予这些钢铁公司稳定的融资支持，就是产生于一个人的想法之中。他的信仰、他的愿望、他的想象力、他的坚持是让美国钢铁公司最终变成现实的关键因素。在这家公司合法化之前，它收购了钢铁工厂和机器设备。这个交易看起来是偶然发生的，但是细心分析会发现，仅仅是将这些工厂合并在统一管理下，就让它们的价值上升了大约 6 亿美元。

换句话说，查尔斯·施瓦布的想法以及他把这个想法传递给摩根和其他人的信心，价值大约是 6 亿美元。这个数字难以让人忽视，这并不是由一些微不足道的想法组成的！通过这次交易，很多人拿到了属于自己的数百万美元。发生在他们身上的这个故事，对现在的我们来说，仍然充满了令人探究的兴趣。这一惊人成就的重要特征是，它作为无可置疑的证据，为本书中所阐述的这种哲学提供了合理性，因为这种哲学贯穿了整个交易的始终。更为重要的是，美国钢铁公司一直蓬勃发展，变成了美国最富有和影响力最广泛的公司之一。它雇用了数以千计的员工，研发了钢铁的新应用，不断开拓新市场，这无疑是本书中哲学的实效性的最佳证明。它的发展也让施瓦布预计的6亿美元收益变成了现实。

财富真的开始于意念的形式！能获得多少数量的财富，取决于脑海中有想法的人们能多大程度地将其付诸实际。**信仰能够消除一切限制**！当你想要向生活索取什么时，不论你索取的是什么，你都要记住这一点。

如果能做到这一点，你就一定能够以满意的价格获得想要的东西。你还要记住，创造了美国钢铁公司的施瓦布，在那个时候也就是一个无名之辈。他仅仅是安德鲁·卡内基的一位“得力助手”，直到他赋予那个著名的想法以生命力才开始声名远播。之后，他迅速上升到了权力、名誉和财富的顶峰。

接下来是另一个“信心如何让一个想法为一个人赚到了数百万美元”的例子，并且这个人还通过它帮助了无数的人，增加了他们的财富。约翰·邓普顿爵士对自己充满信心，他相信自己的天赋能够创造出良好的声誉和获利丰厚的投资。

邓普顿之所以比大多数人更善于投资，是因为人们通常是基于情感、无知和不合常理的逻辑来投资的。他认为，通过发挥自己在投资方面的技能，他不仅仅可以给小投资者提供需要的服务，还可以为自己赚来一大笔钱。

为了完成这个目标，他成立了一个共同基金来管理其他人的钱。在当时，这是一个创业型的项目，因为那个时候共同基金还是一个相对较新的概念。邓普顿在当时就已经开创了现在最为重要的投资概念之一，并为之提供了最初的理念雏形。

他回忆到，邓普顿成长基金的第一次年度会议，与会者只有约翰·邓普顿、一名兼职员工和一名股东。“我们在通用食品公司一个退休总裁的餐厅里举办了这次会议，就是为了省钱。”

如今，邓普顿基金在全球拥有超过 600 名员工，管理着超过 360 亿美元的资产。之所以能发展成这样的规模，就是因为邓普顿集团拥有作为第一批基金集团在投资领域所积累的良好声誉。40 年前投资给邓普顿成长基金的 1 万美元，如今已经升值到了 300 万美元。

1992 年，邓普顿从公司退休了，他也卖掉了自己在邓普顿集团的收益（约 4 亿美元）。那个时候，他不仅获得了自己的成功，据估计，他还帮助数百人赚到了钱。

无论贫穷还是富有，都是意念的产物，只有我们承认这一点，想法才能够毫无限制地发展。

第　四　章

致富第3步——自我暗示：影响潜意识的媒介

任何通过五种感官到达大脑的自我建议和自我激励的措施，都可以被称为自我暗示。换一种说法，自我暗示就是自我建议。

潜意识就像是一片肥沃的土壤，如果不主动种上理想作物的种子，那么杂草就会肆意丛生。自我暗示就是一个自我控制的机制，通过它，一个人可以在潜意识中种下创造性的意念。

自我建议与专注原则

任何通过五种感官到达大脑的自我建议和自我激励的措施，都可以被称为自我暗示。换一种说法，自我暗示就是自我建议。它是一个沟通的媒介，能够将产生意念的意识部分和产生行动的潜意识部分连接在一起。

自我暗示的原则会自动将通过人们的自我意识产生的主导意念（这些意念是消极还是积极，都无关紧要）传达给潜意识，并且对它产生影响。

无论是正面还是负面的想法，如果不经过自我暗示原则的帮助，就不可能进入潜意识的领域，除了那些人类天生从宇宙中所获得的意念。换句话说，通过五种感官获得的感觉或者印象会被有意识的思考拦截下来，然后有可能会非常随意地被潜意识接收到，或者是被潜意识所拒绝。因此，有意识的思考相当于承担了一个潜意识守卫的角色。

造物主就是这样创造了人类，人们对于通过五种感官传递到潜意识的物质有绝对的控制权。但这并不意味着人人都能很好地运用这种控制力。相反，在大多数情况下，人们并没有主动地去运用控制力，这也解释了为什么很多人终生都生活在贫困之中。

回顾起来，感觉**潜意识就像是一片肥沃的土壤，如果不主动种上理想作物的种子，那么杂草就会肆意丛生。自我暗示就是一个自我控制的机制，通过它，一个人可以在潜意识中种下创造性的意念。**或者也可能因为疏忽漠视，让破坏性的意念在这片心灵的沃土上生长。

在第二章“愿望”当中，我们介绍了 6 个步骤，其中最后一步是，你应该每天大声朗读两遍自己对于金钱的愿望，并且想象、体会你已经拥有了这些财富的感觉！遵循这些指示，你可以将愿望的目的转变成一种绝对的信念，直接传递给你的潜意识。通过重复这样的过程，你可以主动培养一种思维习惯，这将有助于你将自己的愿望变成相应的现实。

继续读下去之前，请你回想第二章中描述的这 6 个步骤，再把它们非常仔细地读一遍。然后（当你读到的时候），再仔细阅读第七章“组织计划”中关于如何更好地组织你的智囊团的 4 条指示。通过比较这两组指示和关于自我暗示的阐述，你自然就会明白，这些指示中其实都包含了自我暗示原则的使用。

因此，请记住，当你大声读出表达自己愿望的语句时（通过它，你正在努力培养出“金钱意识”），如果仅仅是毫无意识地读出来，而没有和情感或者是情绪结合在一起的话，是没有太大作用的。就像你重复 100 万次著名的埃米尔·库埃的自我暗示法“一天一天，通过各种方式，我变得越来越好”，而如果这句话没有和你的情感和情绪相结合的话，你是不会获得你所渴望的结果的。只有和情感或者情绪结合在一起的想法，你的潜意识才能辨识出来，并且依此来行动。

这是如此重要的事实，以至于我需要在几乎每一个章节当中都进行重复。大多数人运用自我暗示的原则却没有成功地得到理想的结果，主要就是因为他们没能够理解这一点的重要性。

因此，不带任何情绪的话语无法影响到潜意识。只有当你学会了让你的想法进入潜意识，或者让那些说出来的话语能够和信念在感情上结合在一起的时候，你才能得到明显的效果。

当你第一次尝试这样做的时候，如果你无法控制或者直接影响自己的情绪，请不要灰心。要记住，这个世界上永远没有不劳而获这回事儿。达到目的并且影响潜意识的能力具有宝贵的价值，你必须为此付出代价。即使你渴望能够快速地获得这种能力，也没有任何捷径或者作弊的方法。影响潜意识的能力，对于应用本书中阐述的这些原则，是非常有效的。付出微薄的代价，你是无法获得这种能力的。你，只有你，来决定你为之奋斗的回报（也就是“金钱意识”），是否值得你为之努力地付出。

除非是在一些非常罕见的情况下，否则仅仅依靠智慧或者聪明是无法吸引和留住财富的。所以，当平均法则运用在金钱的流动上时，就不能只是依靠这些。这里所描述的吸引财富的方法，并不依靠平均法则。此外，每个人对这个方法的接受程度因人而异，因而效果不一。也许一个人能够靠它的效力获得成功，但另一个人就不会。如果这个方法失败了，原因一定出在尝试这个方法的人身上，而不是方法本身没有起作用。如果你尝试过，但是你失败了，试着再来一次，不要气馁，直到你获得成功为止。

运用自我暗示原则的能力，很大程度上取决于你是否能将精力专注于已有的愿望，直到你为之魂牵梦萦。

当你开始将这些指示和第二章中介绍的6个步骤结合在一起看的时候，你就需要使用专注原则。

我们在此提出一些有效利用专注的建议。当你开始执行6个步骤的第一步时，也就是让你“在自己的脑海里设定好想要获得的金钱的确切数目”，这个时候，通过专注力让你的思想集中于那个金钱的数目，或者是闭上双眼以集中注意力，直到你可以清楚地看见这些实际的钱出现在眼前。每天至少这样做一次。做这些练习的时候，遵循“信心”那一章中给出的指示，想象自己真正拥有了这笔钱！

这里有一个最显著的事实：潜意识会接受任何在绝对自信状态下

传递给它的指令，并且按照这些指令来行动。通常这些指令需要通过重复的方式一次又一次地被传达，直到它们最终被潜意识所理解。按照这种说法，你可以考虑对潜意识玩一个“小花招”。由于你自己深信不疑，你就可以让潜意识相信，你一定会拥有自己想要得到的那些财富，相信这笔属于你的财富就在那里等候着你的来临。这样一来，潜意识一定会将具体的计划拱手送上，你就能借此获得这笔财富。

将上一段中提出的想法传递给你的想象力，看看你的想象力是否能够或者会做出什么反应，来创造出实际可行的计划，将你的愿望转变成财富。

不要只是在那里坐等明确的计划，再根据这个计划以提供服务或销售商品的方式来获得想象中的财富，你应该立即看见自己已经拥有了那些财富，同时提出要求和希望，你的潜意识就会告诉你如何实施，这就是你需要的计划。一旦它们出现的时候，你一定要保持足够的警觉，立刻将它们变成现实。当这些计划出现的时候，它们会通过第六感或者是灵感这样的形式闪现在你的脑海里。你需要尊重并且重视它，一旦接收到，就要立即执行。如果你没能立即行动，将会是对你成功的致命打击。

6个步骤当中的第四步，要求你“制订切实的计划”，并且“马上把这个计划付诸行动”。你应该按照此前说的那样，遵循这一指示的说明。

当你想要将愿望转化成现实，为积累财富制订计划时，不要相信自己的理智。你的理智可能是错误的，有时候也会偷懒。如果你完全指望它的话，你可能会失望。

当你已经能够看到自己打算积累的这笔财富的时候（闭上眼睛），考虑自己能提供的服务或者你打算用来换取这笔钱的商品。这一点也很重要！

指示概要

你之所以会读这本书，表示你在认真求知，想要获得关于致富的知识，这也表示在这方面，你还是个入门者。如果你只是一个入门者，那么，你就有机会学习到自己不知道的知识，但是记住，只有带着谦卑的态度，你才能够真正有所收获。如果你选择跟随其中一些指示，但是忽视或拒绝遵守其他的，那么你一定会失败！为了得到满意的结果，你必须遵循本书中的所有指示。

现在让我们总结一下和第二章中 6 个步骤有关的所有指示，它们同时还运用了本章提到的所有原则，具体如下：

第一，进入一个相当安静的状态（最好是晚上躺在床上的时候），因为你不会被打扰或中断，闭上你的眼睛，大声重复（只有这样你才有可能听到自己的声音）你所写下来的打算积累的财富数量，获得这些财富的期限，还有你可以提供的来换取这些金钱的服务或者商品。当你在执行这一指令的时候，想象你已经拥有了这些钱。

举例来说，假设你打算在 5 年以后的 1 月 1 日赚够 10 万美元，而且你会以销售人员的身份为得到这笔钱提供个人服务。那么你可以像这样写下来自己的愿望：

20×× 年的 1 月 1 日，我将会赚到 10 万美元，在这期间，这些钱将会源源不断地以不同的数额到来。

为了赚到这些钱，我将会尽我所能提供最有效的服务。作为一个 ×× 销售人员（×× 指的是你打算提供的服务或者商品），我将会提供

尽可能多和尽可能优质的服务。

我相信我一定能够赚到这么多的钱。我的信心是如此强烈，以至于现在我都能看到这笔钱摆放在面前。我可以亲手触碰到它们。为了得到它，只要我提供想要付出的服务，它就会被立刻转化为同等比例的财富。我正在等待一个计划，通过它的指导，我可以赚到这些钱。一旦这个计划被我接收到了，我一定会立即执行它的要求。

第二，不管白天还是夜晚，一遍又一遍地重复这个计划，直到你能够看见（通过你的想象力）你打算赚到的钱。

第三，将记录下这些话的一张纸放在你日夜都能看到的一个地方，在睡觉之前你要读一遍，在起床之后也要看一遍，直到你记住为止。

当你执行这些指令的时候，请记住，你正在运用的是自我暗示的原则，是为了达到给潜意识发号施令的目的。还要记住，你的潜意识只会作用于那些情绪化并且被灌输了“感觉”的指令。信心是最强烈和最有成效的一种情绪。遵循第三章“信心”中给出的指示。

刚开始的时候，这些指示可能看起来有些抽象，不要让这个影响到你。无论它们一开始表现得有多么抽象或者不切实际，都要按照指示来行动。你按照指示来做，在精神层面和行动层面都接受了，当你这样做了之后，那么，这一天很快就会到来，你会觉得一个蕴含了能量的全新宇宙展现在了面前。

对所有的新思想抱持怀疑的态度，是所有人类的特征。不过，如果你按照列出来的指示行动，你的怀疑很快就会被信任所取代，这反过来会迅速地发酵，成为绝对的信心。然后，你就能到达这样的地步，你可以真正地说出这句话：“我是自己命运的主宰，我是自己灵魂的领航者！”

许多哲学家都做出过这样的陈述，人们可以控制自己在尘世间的命运，但是大多数哲学家都没有指出为什么人们可以控制它。而在这个章节中，为什么一个人能够控制自身的命运，尤其是自己的财务状况，这个原因会被详细地阐述。人们可以对自身及所处的环境有所控制，是因为他们有能力影响自己的潜意识,并且通过它来获得无限智慧的指引。

你正在阅读的这一章节，代表了这道哲学理念拱门的基石。如果你想要成功地把愿望变成实际的财富，那么这个章节中所包括的指示必须被持久地理解和应用。

将愿望变成金钱的实际行动，会涉及自我暗示原则的使用，自我暗示是一种媒介，通过它可以触及并且影响潜意识。其他的原则都只是应用自我暗示原则的简单工具。一定要记住这一点，不论何时，你都会意识到自我暗示是最重要的原则,然后你才能将它运用在你的行动之中，通过这本书当中描写的方法来积累财富。

当你在执行这些指令的时候，要把自己当作一个孩子。在你的努力当中注入类似孩子的天真信念。笔者对于这本书里的指示都是非常认真的，我不希望自己传递的指示当中有任何不切实际的部分，因为我真诚地希望自己能够对他人有所帮助。

在你读完这本书之后，再回看一下这一章，然后在精神层面和行动层面都要遵循如下的指令：

花一整个晚上的时间将这个章节的内容大声阅读一次，直到你彻底相信自我暗示的原则是合理的，这样它才能够帮助你完成一切想要做的事。当你在阅读的时候，可以用笔对那些让你印象深刻的句子做上记号。

按照上述的指示来行动，它就会为你全面认识和掌握成功的原则开创一条道路。

第　五　章

致富第4步——专业知识：个人的经验或见解

一直以来，大多数人都有一个错误的认知，那就是“知识就是力量”。其实根本就不是一回事儿。知识只是潜在的力量。只有在它能够被一个确定的行动计划所组织，并且被导向一个明确的结果时，知识才是力量。

知识≠力量

知识有两种类型，一种是通用的知识，一种是专业的知识。通用的知识，无论在数量或类型方面有多么的丰富，对金钱的积累几乎都毫无帮助。著名大学的各个科系几乎囊括了所有已知文明各种形式的通用知识。然而大多数教授却没什么钱，他们专注于教授知识，而不是组织或者运用知识。

知识并不会吸引财富，除非通过切实可行的行动计划来有意地组织，并且加以智慧的引导，才能实现明确的积累财富的目标。正是由于对这一事实的忽视，**一直以来，大多数人都有一个错误的认知，那就是“知识就是力量”。其实根本就不是一回事儿。知识只是潜在的力量。只有在它能够被一个确定的行动计划所组织，并且被导向一个明确的结果时，知识才是力量。**

但是，这是现今所有已知文明的教育制度中“缺失的环节”。所有的教育机构都没能够教会他们的学生，当他们获得知识的时候，要如何去组织和使用，只有这个时候，这个缺失才会显露其弊端。

因为亨利·福特几乎没有在学校接受过教育，所以很多人会做出错误的推论，他们觉得福特不是一个受过教育的人。会犯这种错误的人，其实根本就不了解亨利·福特，也不明白“教育”这个词的真正含义。这个词是从拉丁词“educo”派生出来的，意思是要将人内部蕴藏的潜力挖掘、引导和发展出来。

一个受过教育的人不一定是常识或某方面专业知识丰富的人。受过教育的人是心智得到充分拓展的人。在不侵犯他人权利的情况下，他们有能力获得任何自己想要的或者是和学院传授相当的知识。亨利·福特就是对这个定义的最好例证。

在第一次世界大战中，芝加哥一家报纸刊登了一篇社论将亨利·福特称为“无知的和平主义者”。福特先生反对这一说法，并对这家报纸提起了诽谤的诉讼。当这个诉讼在法院审理的时候，报社的代表律师请求辩护，并且将福特先生本人请到了证人席上，想要向陪审团证明他确实是无知的。该律师向福特先生提出了各种各样的问题，他的逻辑是，除了在汽车制造方面拥有相当丰富的专业知识以外，福特对其他方面的知识一无所知，这就能够证明他确实是无知的。因此，摆在福特面前的问题是五花八门的，有如下这些：

“谁是本尼迪克特·阿诺德？”“为了平定 1776 年的叛乱，英国派出了多少士兵到美国？”在回答最后一个问题时，福特先生是这样说的：“我不知道英国派出去的士兵的确切数量，但是我听说，派出去的数量比最后回国的数量要大得多。”

最后，福特先生对于这样的质疑感到疲惫不堪，在回答一个明显充满了攻击意味的问题时，他俯下了身子，用手指向对他提出问题的律师，说道：“我想提醒你一声，在我的办公桌上有一排自动按钮，如果真的想要回答你刚才提出的这个愚蠢问题或者是你一直在问的任何一个问题，只要按下右边的按钮，就可以找到人来帮我回答出所有刚才你提出的问题。我只是将大部分的工作时间奉献给了我的企业。现在，请你发发善心告诉我，为什么我要在自己的脑海里塞满这些常识，就为了成为一个无所不知的人吗？而我的身边已经有很多能够提供给我所需要的知识的人才。”

这当然是回答这个问题的完美逻辑。

如何回答这个问题难倒了这个律师。在法庭上的每个人可以清楚地看到，这不是一个无知的人能说出的答案，只有一个受过教育的人才能这样回答问题。**任何受过教育的人在需要知识的时候，都会知道应该去哪里找这些知识，并且将它们组织起来，形成确定的行动计划。**通过智囊团小组的协助，亨利·福特掌握了所有自己需要的专业知识，而他依靠这些也成为美国最富有的人之一。仅仅将这些知识填充在头脑中，其实不是最重要的。当然，任何能够辨明真理和有智慧的人在看这本书中的这个例子时，都不应当错过其背后深藏的意义。

当你对自己将愿望转变成对应的现实的能力足够确定之前，你将需要获得想要提供的服务、商品或者行业方面的专业知识。除了你需要有能力或者愿望来获得财富，也许你还需要更多的专业知识。但如果真实情况是你自己并不具备这些专业知识，那么你也可以通过智囊团的帮助来弥补自己的缺陷。

安德鲁·卡内基说过，就个人而言，其实他对钢铁企业的相关技术几乎一无所知。但是，他也没有特别在意要知道这件事。当他觉得自己需要关于钢铁制造和营销的专业知识时，他就会在自己的各个智囊团当中寻找合适的来采用。

巨额财富的积累需要能量，而能量需要通过对专业知识的高度组织和充分运用才能充分发挥出来。但致力于致富的人们其实并不需要全部拥有这些专业知识。上一章节是在给那些有野心要积累财富的人以希望和鼓励，这些人也许并没有丰富的专业知识，因为他们没有受过那样的教育。在生活当中，没有受过正规教育的人们有时会发生“自卑情结”作祟的经历。但其实他们不知道的是，只要能够组织和指挥一群拥有知识的智囊团来帮助积累财富，那么他其实就和团队里任何一个人一样有知识。如果你正在因为自己在学校所受的教育不够完善而被自卑的情绪所困扰的话，请记住这一点。

托马斯·爱迪生在一生中只接受了3个月的正规教育，但是他并不缺乏教育，他也没有被贫穷困扰终生。亨利·福特接受正规教育的时间还不到6年，但是他还是靠自己的努力取得了成功。

然而，福特和爱迪生没有接受多少正规的学校教育却获得了成功，并不能成为现在的年轻人辍学的好借口。现代社会，至少要取得高中文凭才能在致富的道路上有一个良好的开端。

当然也有例外。戴夫·托马斯，温迪连锁餐厅的创始人，就是一个辍学者。但他在取得成功后，还是鼓励青少年继续完成学业。为了向辍学者证明这一点，他在离开学校45年之后做出了一个选择——重回校园，并且通过努力取得了高中文凭。

他参加并且通过了普通教育发展（GED）考试——这是想要获得高中同等学历证书的人需要参加的测试。重读高中期间，在他所居住的佛罗里达州社区的一次特殊仪式上，他被授予高中文凭。托马斯面对着500多名高中生和从全美国各地州府来到这里参加普通教育发展考试的考生说："曾经身为一名高中辍学生这一事实一度困扰着我，我以为再去拿这个文凭对我来说已经太晚了。"他很激动地说："现在我知道这永远不会太晚，而且这也许会激励其他人做出同样的选择。"

托马斯重回学校，拿到高中毕业文凭的灵感来自一次巡回售书活动，那本书是他的自传，名为"戴夫的方法"。在很多城市，托马斯见到了一些高中生记者，在采访中，他回答了他们的问题，对他们提出了一些建议，鼓励学生们在学校取得成功。"这些校园记者很犀利，"托马斯说，"他们一直在问我为什么教育这么重要，但是我却没有完成学校的教育——为什么我不能亲自示范我所主张的事情。对于这个问题，我没有一个好的答案，所以我决定要拿到高中毕业文凭。"

他现在的目标是向从学校辍学的人进行宣传——无论他们是最近放弃的，还是已经放弃很多年——毕业对他们来说永远不会太晚。

“我告诉人们，尽可能接受完所有自己能够接受的教育。在辍学45年之后拿到高中学位的事实表明，它永远不会太晚，”托马斯说，“即使算上发生在我生活中的一切，拿到这个文凭也是其中最重要的成就之一。”

专业知识是极其丰富的，但也是最廉价的一种服务形式！如果不相信，你可以查阅任何一所大学教授的工资单。

获取知识的途径

知道如何获取知识是有价值的。

首先，这取决于你所需要的知识是哪种类型的，还有你想要获得知识的目的是什么。在很大程度上，你人生的主要目标，你一直为之努力奋斗的方向，将会帮助你决定需要什么样的知识。在这个问题解决之后，你接下来就需要准确地知道获得这些知识的可靠来源。其中一些比较重要的是：

1. 一个人自己获得的经验和教育；

2. 通过与他人合作获得的经验和教育；

3. 学院和大学；

4. 公共图书馆（那里的书籍和期刊为我们提供了所有的文明建构的知识）；

5. 特殊的培训课程（尤其是夜校和函授）。

一旦获取到知识之后，就必须为了一定的目的，通过切实可行的计划，将其组织起来并且投入使用。如果知识没有被运用在一些有价值的结果上，那么就没有任何价值。这就是为什么大学文凭并不能成为一个人获得事业成功的保证。如果你正在考虑要去接受其他的教育，首先要确定的是你追寻这些知识的目的，然后在能够学到这些特定知识的地方接受培训，当然是要通过可靠的渠道。**各行各业成功的人都不会停止学习跟自己的主要目的、从事的行业和事业相关的特定知识**。有些人之所以会失败，是因为他们错误地以为，离开学校后，对知识的追求也就随之结束了。但事实是，学校提供的教育其实只是一个铺垫，以引导人们未来如何学习和掌握实用的知识。

年复一年，大学生就业指导报告都在说，那些来到他们学校的招聘人员想要雇用的是那些在某个方面拥有专业知识的学生，例如工商管理、计算机科学、数学、化学以及其他领域，因为他们认为这些学生能快速进入工作的专业领域。相比较起来，那些拥有更广阔知识背景，但没有特定专业知识的文科生却不怎么受青睐。

然而，那些 18 到 20 岁的年轻人因为对自己以后究竟想要从事哪个领域的职业不太确定，就没有选择自己的专业，这样的学生并不在少数，但是他们也具有巨大的潜力。很多这样的学生在本科的时候都会选择接受多元化的教育，在研究生期间才会选择继续专攻某个主要领域。在读这本书的年轻读者们其实也不用急匆匆地选择一个专业，只有在你们了解了这个领域具体包含什么，其优势是什么，不足又是什么之后，才能做出自己的选择。

大多数院校都会提供给学生信息和指导，以帮助他们做出这个关键的选择。无论这种指导是否实用，学生们都应该探索并且通过尽可能多的资料来了解各种领域，并且可以和目前从事这些领域工作的人聊一聊。

所有的职业都不需要大学文凭。因为还有其他类型的培训可以提供这些知识。很多高中都安排了各种技能的培训课程。多数大学都可以给那些想要获取专业知识的人提供继续教育计划。有些学院提供证书培训课程，让渴望学习一门新领域的知识或者是提高原有领域技能的人能够通过一系列精心设计的课程，来获得必要的知识。这些课程通常都是在晚上或周末进行，学生也大多是成年人，而不是大学生。

家庭学习计划——通常被称为“远程学习”——可以通过信函或者互联网来授课。家庭学习计划的一个优势是，它允许一个人在业余时间安排学习的灵活性。家庭学习培训（如果提供的课程是精心挑选的）的另一个好处就是，大部分课程都能够存储在一些设备里随身携带，这种好处的价值是无法衡量的，对那些需要专业知识咨询的人来说特别管用。不管你住在哪里，你都可以共享便利。

对于一个特定专业的学习项目，自我约束在一定程度上是需要的，因为当有机会可以接受教育的时候，浪费知识是非常可惜的。家庭学习培训特别适用于那些离开学校后的人，他们对于获得更多专业知识的需求如此强烈，但又抽不出时间回到学校。现代社会不断变化的经济状况使得成千上万的人，都必须找到新的或者是额外的收入来源。对大多数这样的人来说，解决这个问题的唯一办法可能就是学习另外一些专业知识。很多人会被迫完全改变自己的职业发展道路。当商人发现某种特定的商品卖不动的时候，他就会用另一种有市场需求的商品替代它。当一个人获取财富的方式是提供具有市场价值的个人服务时，也需要像商人这样建立一个有效的机制。如果他的服务在一种职业当中没有带来足够的回报，那他必须选择更换到另一个领域，找寻更为广阔的职业发展空间。

一个人如果从学校毕业之后就停止了学习的话，不管原先怀揣多么宏伟的理想，都注定只能度过永远无望和平庸的人生。**成功的道路就是不断追求知识的道路。**让我们来看看下面这个例子吧。在经济低迷时，一个杂货店的推销员业绩不断下滑。在经济形势堪忧、工作机会稀缺的时候，他没有去寻找另一份工作，而是选择创立一家自己的公司。他曾经有过一些记账的经验，为此还特地学习了会计专业课程，熟悉了所有最新的管账技术和相关的办公设备。

他最早的一笔生意就是和自己之前工作过的杂货店合作，慢慢地，他和 100 多个小商户订立了合同，通过帮他们记账，按月收取一笔价格公道的服务费。在这个过程中，他很快发现，有必要在一辆移动货车上开设一间便利办公室，这样可以移动办公。于是，他这样做了，并且在货车上配备了现代化的办公设备。现在，他已经拥有了一支在“车轮上”配备记账办公室的车队，雇用了很多员工，给那些小商贩提供很好的记账服务，而且价格还很公道。

通过自己的专业知识，再加上想象力，他成功创建了这一独特的商业形式。去年，这家公司缴纳的所得税是他所服务的那些小商人缴纳税款的 10 倍之多。在被迫失业后，他成功地从困境中逆袭，成了一个因祸得福的商人。

这一创业的成功最初就开始于一个想法！因为当时我有幸提供给这位失业的售货员这个想法，现在我会想，如果我能够向更多人提供这样的想法，那应该能够创造更大的收益。当时，这个想法是对一个售货员提出的，他也是放弃了原来的行当，转而开始了以批发形式来提供记账的业务。当时，他的这个想法被认为是应对失业问题的解决方案，他迅速解释道：“我喜欢这个想法，但是我不知道怎样让它给我带来实际的收益。”换句话说，他抱怨的是，自己虽然有了提供记账业务这个想法，但是并不知道如何推销这个业务。

于是，这产生了另一个必须解决的问题。有一个年轻女性擅长打字和排版，在她的帮助下，他将自己的想法整理了一下，制作成了一本非常有吸引力的手册，详细描述了这个全新记账系统的优点。每一页纸都打印得整齐清晰，被粘贴在一个普通的剪贴簿上。这就是一个促销的工具，它能够有效地表述清楚新业务的优点。凭借这个促销方式，这个新记账系统的拥有者很快就发展了大批客户。

在全美各地，有成千上万的人需要一个营销专家，来帮助自己准备一个简短的、有吸引力的介绍，用于推销个人服务。这种服务的年度总创收可能很容易就超过任何职业介绍所收入最高的专业，而且，这一服务所带来的好处，对购买者来说可能会更多，远远超过他们能够从职业介绍所得到的服务。

接下来所要描述的这个想法源自弥补空白市场的一次紧急需求，但是它并没有停留在仅仅为一个人提供服务的地步。创造这个想法的女人有着丰富的想象力。她从自己的智慧结晶中看到了一个新职业的诞生。这个职业注定要为千万人提供有价值的服务，这些人都需要在推销个人服务方面的实际指导。

由于这个名为“推销个人服务准备计划”的业务在第一次推出时就获得了成功，这个精力充沛的女人被成功激励着，选择自己的儿子作为下一个客户。因为刚刚毕业的儿子也有类似的问题，他一直找不到市场来兜售自己的服务。她从自己的儿子下手，来试验推广自己的计划，这也是我见过的推销个人服务的最佳范本。

经过一番准备，她完成了计划书的制作，包含了近 50 页装帧精美的内容，所有的信息都经过适当的排列，里面陈述了她儿子的特长、接受的学校教育、个人经历以及种类繁多的其他信息，所有的信息都非常充分和全面。对于她儿子想要从事的职业类型，该计划书中也有完整的描述，而且对于如何正确找到自己的位置也列出了比较详细的计划。

这本计划书的编写大概花费了她几个星期的时间，在这段时间里，她几乎每天都要把儿子送到公共图书馆，查询能让自己的服务获得最大价值的一切资料。此外，她还让儿子去考察可能成为未来雇主的所有公司，并从中收集关于他们经营方式中最有价值的信息，不断完善他打算付诸行动的计划。最后，当这本计划书完成的时候，其中一半的内容对潜在的雇主来说，都是能够直接参考和使用的建议，而当他被录用了之后，公司也真的将其中的一些建议实施了。

但是，人们可能会提出这样的问题："为什么找一份工作要这么麻烦呢？"其实，这个答案显而易见，但也很戏剧化，因为它涉及一个问题，就是现在数以百万的男性和女性，他们中的很大一部分人收入的唯一来源就是提供个人的服务。

这个问题的答案是："做好一件事情从来就不能怕麻烦！这个女人准备的这份计划书帮助自己的儿子，让他通过第一次面试就能得到自己想要的工作，并且实现了他对于薪水的预期。"

此外——也是很重要的一点——这能够让这个年轻人不必从底层开始做起。虽然只是一个初级的执行者，但是在第一份工作中，他就能够拿到主管的薪水，并且做一些不那么底层的工作。

"为什么一定要这么麻烦？"你还要问这个问题吗？

如果这个年轻人没有用这样的方式来求职的话，那么他至少需要10年的时间才能到达他最后获得的那个职位，因为如果没有计划书的话，他只能"从底层开始工作，然后慢慢晋升上来"。

从底层开始工作，然后按部就班地晋升，这样的职业发展路径似乎司空见惯，但是，并不是所有人都能沿着这样的路径发展，在底层开始工作的大部分人，从来就无暇顾及抬高自己的头向上看看会有什么机会，所以他们就会一直待在基层。我们需要知道的是，从底层看到的未来发展前景，从来就不是明亮或者鼓舞人心的。所以，这样的职业发展路径有一种扼杀人们野心的可能。我们通常称之为“听天由命”，这意味着我们接受了自己的命运，因为在日常生活中我们已经养成了习惯，习惯终于变得如此强大，我们不再试图甩掉习惯的制约。为什么要提前一步或者两步，从底层工作升上来？还有另外一个原因，通过这样做，一个人能形成观察周围的习惯，他能看到其他人是如何走到了前面，也能看到机会，并且能够毫不犹豫地抓住机会。

丹·哈尔平的光辉事迹能够最大限度地展示我想表达的意思。在大学时代，他是 1930 年著名的全美橄榄球队冠军圣母大学球队的学生经理之一，那个时候，这支球队的主教练正是伟大的克努特·罗克尼。或许，罗克尼那种“给自己定下高目标，不要将暂时的失败当作永久性失败”的人生哲学激励了他，这种哲学就和大工业时代的领袖安德鲁·卡内基一样，卡内基也鼓励企业中的年轻领导者为自己设定高目标。后来，年轻的哈尔平大学毕业后，赶上了大环境非常不景气的时候，经济的萧条导致工作岗位稀缺，他虽然给投资银行和电影行业都投了简历，但最后，他还是在一个能找到发展潜力的行业开始了第一份工作——销售电子助听器收取一定的佣金。任何人都可以做那样一份工作，哈尔平也知道这一点，但是这已经足够了，因为机会之门已经为他打开了。

近两年来，他一直在做不那么对自己胃口的工作，但如果他因为一时的不满意而放弃努力的话，那么也就无法得到后来晋升的机会。一开始，他就把自己的目标定为升到销售经理的位置，他也很快达成了自己的目标。这一晋升已经让他能够超越一般人，也让他的视野变得更开阔，能看到更大的机会。因为他已经站得足够高，所以机会也在朝他走来。在销售助听器时，他的表现非常优异，以至于Dictograph（意为“侦听器”）公司的董事会主席安德鲁注意到了他，这家公司是哈尔平所在公司的商业竞争伙伴。安德鲁想知道丹·哈尔平究竟有什么样的才能，能从自己这家历史悠久的公司抢走订单。他请来了哈尔平，一番交谈后，哈尔平就被聘请为 Dictograph 公司的新销售经理，负责公司助听器部门的销售工作。

然后，为了测试年轻的哈尔平是否能够胜任，安德鲁先生去了佛罗里达3个月，留下哈尔平一人在新工作中沉浮摸索。但是他没有失败！秉承着克努特·罗克尼的精神——“全世界都喜欢胜利者，都不会把时间留给一个失败者”，他激励自己将大部分的精力都投入工作，随后，他被提拔为公司的副总裁和助听器研发部门的总经理。普通人如果通过10 年的时间达到这样的晋升速度，就已经能够引以为豪了，而哈尔平却只用了不到 6 个月的时间！

很难说，安德鲁先生和哈尔平先生哪一个更值得被称颂，因为，这样的选择显示出双方都拥有罕见的丰富想象力。对安德鲁先生来说，他的功劳在于能够从年轻的哈尔平身上辨识出“拼命三郎”的特质。而对哈尔平来说，他的功劳在于拒绝接受一份自己不想要的工作，并且不妥协于平庸的生活。通过这个故事，我主要想要说明的是——**我们是上升到较高的位置还是仅仅停留在底层工作，取决于我们是否拥有想要控制环境的愿望和能力。**

我还想强调的另外一点是，**成功和失败在很大程度上都是习惯造就的结果！**对于丹·哈尔平和美国有史以来最伟大的橄榄球教练之间的密切联系，我从来都没有丝毫怀疑，正因为如此，才在他心中种下了强烈的愿望。这样的愿望让罗克尼将巴黎圣母院队带到了世界著名球队的行列之中。诚然，英雄崇拜是有帮助的，这样的说法有其道理，因为崇拜英雄的人，也会激励自己成为赢家。哈尔平告诉我，罗克尼是历史上最伟大的领导者之一。

我的理论是，商业伙伴是非常重要的因素，无论失败还是成功的经历都能证明这一点。我的儿子布莱尔和丹·哈尔平就曾经为一个职位协商过。哈尔平先生为他提供的职业相对应的薪水大概只有对手公司提供的一半。虽然布莱尔对此不太满意，但我还是利用父母的身份给他施加了压力，并且劝说他接受了去哈尔平先生的公司工作。因为我相信，和一个不会妥协于自己不喜欢的事业的人共事，所得到的是无法用金钱来衡量的财产。

打磨一个人的技能，使之成为某个领域的顶尖人才，并不仅仅局限于商业领域。迈克尔·乔丹计划了自己的每一步，最后成为他那个时代最伟大的运动员之一。

他总是有必胜的决心和意志力，来完成所有计划的事项，让自己保持最好的体能和运动状态。他一直致力于维持高标准的要求，不断打破自己的纪录。

乔丹很早就学到了这一课。在高中时，他离开过校队一段时间，但是当他归队的时候，他决心要恢复到最初的体能。所以，他开始每天都做大量的体能训练——并且保持至今。他将每一个质疑都当作挑战，每一年，他都能给自己找到新的目标和动力。

当离开篮球几年后又回到赛场时，乔丹的批评者说，他已经过了自己的体能巅峰期，他的动作开始变慢，也无法再赢得任何一个总冠军了。他把这些质疑当作一个挑战，觉得这只是在磨炼自己的决心，他想用行动证明，这些质疑者是错的。

他的训练比以往任何时候都更加努力，他要改善和维持自己的状态。他和自己的私人教练商议，利用私人体能训练室、重量训练室制订了一个全年的训练方案。他承认，随着年纪的增长，身体会对你发出信号，你一定要聆听这些信号，做一些正确的事情，尽可能地保留最好的体能，这样才能够有体力坚持到总决赛。

结果是惊人的。乔丹带领球队夺得了冠军，并且在 1996 年和 1997 年连续两年被评为最有价值球员。

迈克尔·乔丹实现目标的决心，对我们所有人来说，都是宝贵的经验，它让我们知道，只要我们有决心，无论是日益增长的年龄，还是来自他人的怀疑，都不能阻挡我们实现自己的目标。但是决心仅仅是第一步。除此之外，我们还需要付出辛勤的努力，坚持锻炼我们的身体和精神，并且不惜一切代价，让自己保持最佳的体能和智力。

对任何人来说，底层都是一个单调、沉闷、无利可图的地方。这就是为什么我需要描述如何通过适当的规划，来避免从卑微的底层开始自己的职业生涯。此外，这也是为什么我会用这么大的篇幅来探讨关于如何开始从事一个新职业的问题，因为我是从那个给儿子做计划书的女人那里得到了灵感。她儿子在她的帮助下得到了一份很好的工作，她创造了一个了不起的突破。

当经济放缓和就业机会变得稀缺时，创造更新、更好的个性化推销服务方式的需求越来越大。鉴于个人推销服务能够带来比其他任何服务都要多的收入这个事实，很难说此前为什么没有人注意到在这个领域存在这种惊人的需求。服务费可以按月来缴付，对那些靠工资和薪金生活的人来说，这个数目是如此巨大，轻轻松松就可以发展到数亿美元一个月，那么一年的收入就是数十亿美元。

本书中简单介绍的这个想法，说不定会有人能够从中发现致富的核心！更加优异的想法就是巨大财富成长起来的幼苗。例如，伍尔沃斯的 5 美分和 10 美分商店的想法，看起来似乎微不足道，但因为其独特性，还是为它的创造者积累了巨额的财富。

那些看到潜在机遇的人，如果想要实施自己的想法的话，就要按照第七章中关于组织计划的内容来寻求有效的帮助。顺便说一句，提供个人服务的高效业务员会找到他的服务对象，只要有年轻人在寻求更好的市场，这种服务的需求就会不断增长。通过应用智囊团原则，少数拥有合适人才的人可以形成一个联盟，并且能迅速发展成一家有赢利能力的企业。人们需要的是一个实事求是的作家，有天赋的宣传和销售，亮眼的平面设计，通过这样的包装，才能让自己所提供的服务吸引到一流企业和老板的注意。如果一个人拥有所有这些能力，那他也可以单独来操作这项业务，只有当它发展壮大了之后，才需要招揽一些合作伙伴。

那个为自己的儿子准备了“个人服务推销计划”的女人，收到了全美国各地的邀请，希望她能跟他们合作，帮助他们准备类似的计划，为那些想要推销自己的个人服务，以此来赚更多的钱。最终，她自己开办了一家这样的公司，有专门的打字员、艺术家和作家，他们拥有制作推销计划的能力，并且更加有效率，能够帮那些提供个人服务的人赚到比行业平均水平更多的钱。她对自己的能力非常自信，公司从帮助客户增加的收入中按百分比提取佣金，这就是他们的服务费标准。实际上，她的计划是聪明的推销，能满足很多人的需求，帮助他们得到更多的钱，虽然提供的服务和以前一样，但工资却要多得多。她还看到了购买这一服务的人群需求，和那些贩卖自己个人服务的人一样，她的计划准备充分，所以雇主觉得自己应该付出额外的钱来获得这样的人才。她所用来达到这一惊人成果的方法是一个专业的秘密，除了自己的客户之外，她从来不会告诉其他任何人。

如果你拥有想象力，正在为你的个人服务寻求更好的赢利渠道，那么这个建议可能会给你一些刺激。这个想法的意义在于为你创造高于行业平均水平的收入，无论你是医生、律师还是工程师，这些行业都需要在大学接受好几年的专业教育。对那些在寻求更好的职业发展机会和更多收入的人来说，这个想法是值得花钱购买的，特别是几乎所有的职位都要求管理或行政的能力，对那些希望在目前的职位得到更高报酬的人来说，也是如此。

对于类似这样独特的想法，它的价值是无法用固定的金钱来衡量的。这些想法的背后，其实都是专业知识在支撑。不幸的是，对那些无法积累大量财富的人来说，专业知识要比想法丰富得多，也容易获得得多。正因为如此，帮助大家更好地出售个人服务的业务就存在普遍的需求和需求不断增长的机会。能力指的就是想象力，就是将专业知识和想法相结合，并且最终形成有组织的计划，这种能力才能够帮助你吸引财富。

如果你有想象力，这一章的内容就能够提供你一个想法，足以成为你致富的开始。请记住，专业知识是随手可得的，而想法却是非常难得的，因而才珍贵。

第　六　章

致富第5步——想象力：智慧的工厂

构想是一切财富的起始点。

有人说，一个人可以创造出任何他能够想象到的东西。只要伸出手来，一个人就有可能触摸到产生想象力的刺激因素。在想象力的帮助下，过去50年间，人类已经发现并利用了很多来源于大自然的力量，这比之前整个人类发展史上运用的总和还要多。

想象力是名副其实的工厂，在其中，人类所创造的一切计划被生产出来。借助想象力的帮助，冲动和愿望得以成形、塑造，并且转化为行动。

有人说，一个人可以创造出任何他能够想象到的东西。在文明的所有历史时期，当下是培养想象力最有利的阶段，因为这是一个快速变化的时代。**只要伸出手来，一个人就有可能触摸到产生想象力的刺激因素。在想象力的帮助下，过去 50 年间，人类已经发现并利用了很多来源于大自然的力量，这比之前整个人类发展史上运用的总和还要多。**我们已经如此彻底地征服了天空，所以鸟儿和乘坐飞机在空中飞行的人类之间的比赛是不公平的。我们已经开始利用以太空间，并使其成为与世界任何地方能够瞬时通信的一种手段。我们已经分析并且确定了远在数百英里之外的太阳的重量，并且通过想象力的帮助，弄清楚了其中所包含的元素。我们已经发现，人类的大脑既是广播站，又是接收站，可以发送和接收思想的震动，而我们现在开始学习如何实际运用这一发现。我们已经加快了运动的速度，直到现在可以以每小时600多英里的速度行驶。我们可以在纽约吃完早餐后，到旧金山吃午餐。

在合理范围内，人类唯一的限制在于想象力的开发和使用。但是人类还没有达到使用想象力的极致。我们只是发现了我们拥有想象的能力，并且开始用一种非常基本的方式使用它。

想象力的两种形式

想象力以功能区分有两种形式，一种被称为“综合型想象力”，而另一种为“创造型想象力”。

综合型想象力：通过这种能力，一个人可以将旧的观念、想法或者计划重新排列组合。这种能力什么都创造不出来，它仅仅是借助灌输进大脑的有关经验、教育和观察到的信息发挥作用。这是一种被大多数发明家所使用的能力，唯一的例外是那些能够借鉴创造型想象力的天才，当他们通过综合型想象力无法解决自己的问题时，就会启用创造型想象力。

创造型想象力：通过创造型想象力，人类有限的头脑能够生发出无穷的智慧。正是通过这种能力，预感和灵感才能够被获取。所有基本的、全新的想法都要通过这种能力才能产生。他人的思想振动也是通过这种能力才能够被接收。还是通过这种能力，一个人可以“调频”，让自己与他人的潜意识沟通。

创造型的想象力可以自发产生作用，作用方式会在随后的章节中描述。这种能力，只有在意识高速运转的情况下才能发挥出来，例如，当强烈的愿望刺激意识的时候，就有可能发挥创造型想象力。

创造型想象力对那些我们所提到的情绪源头的振动更为敏感，在使用过程中开发得越多，就越敏锐。这一表述非常重要，在你传递想法之前要细细考虑一下。

请记住，人们如何将愿望变成实际财富的这些故事所包含的原则，不是用一句话就能够说清楚道明白的。只有当一个人已经掌握并吸收了所有的原则，按照这些原则的指示行动后，他对这些故事的理解才是完整的。

商业、工业、金融业界的伟大的领导者，伟大的音乐家、诗人和作家，他们之所以能够名垂青史，就是因为他们开发出了创造型想象力的功能。

只有不断使用，综合型想象力和创造型想象力才会越来越敏锐，就像身体的任何肌肉或者器官都要通过锻炼得到增强一样。

愿望仅仅是一个念头、一种冲动，它是模糊的、短暂的，它是抽象的，也是没有价值的。只有当它被转换成对应的实际时，才会发生改变。将愿望的冲动转换成金钱的过程中，综合型想象力是最常用的一个工具。你必须牢记这样一个事实，你可能会面临那些要求使用创造型想象力的环境以及情况。

因为一直没有使用，你的想象力可能已经变得贫乏。但是，通过再次使用，它可以得到恢复，并且变得丰富。这种能力不会死掉，只是因为缺乏使用，所以才会变成被掩盖的一种能力。

暂时集中你的注意力，将它聚焦在综合型想象力的发展上，因为在你将愿望转换成实际财富的过程中，它会是你经常需要使用的一种能力。

将无形的冲动、愿望转换成有形的现实和金钱，一定需要使用一个计划或多个计划。这些计划必须在想象力的帮助下才能形成，而且主要是依靠综合型想象力的帮助。

通读全书后，你可以再回到本章的内容，并立即开始把你的想象力投入使用，让它帮助你制订一个或多个计划，为你的愿望转换成金钱来做准备。如何制订计划的详细说明，几乎在本书的每一个章节都可以找到。**根据你的需要，按照这些指示行动吧。如果你还没有这样做的话，那么减少你所做的计划。当你完成了这一步的时候，你将绝对能够给自己无形的愿望赋予具体的形式。**将上一句话再读一遍。大声读出来，慢一点儿，当你这样做的时候，请记住，当你将自己的愿望减少，并且实实在在为这个愿望写出一份计划书的时候，那么你实际上已经采取了一系列措施，帮助自己走出将想法转换成相应现实的第一步。

在你所居住的这个地球上，你自己，还有其他每种物质，都是进化的产物，物质的微观粒子都要通过进化来被有序地组织和安排。

此外——这种说法是非常重要的——这个地球、你身体中10亿个细胞的每一个以及物质的每一个原子，最初的形态都始于一种无形的能量。

愿望是思想的冲动！思想的冲动就是能量的一种形式。当你开始将这种思想的冲动，也就是积累财富的愿望转换成实际的时候，你正在使用的“材料”，其实和造物主创造这个地球以及宇宙万物，包括使人类可以产生意念冲动的身体和大脑时，所使用的“材料”是相同的。

目前，科学已经有能力做出判断的是，整个宇宙是由两种要素组成的，也就是物质和能量。

物质和能量的结合，已经创造了目前宇宙上存在的一切，上至飘浮在天空中的最大行星，下至行走在地球上的人类。

你现在想要做的，其实是通过大自然的方式来获取自己想要得到的财富。你是（我们希望是真诚地、认真地）在试图通过努力，将愿望转化成实物和金钱，而且通过使用自然法则的方式来实现。你可以这样做！因为此前就已经有人这样做过！

你可以通过这永恒不变的法则来帮助自己创造财富。但是，首先，你必须熟悉这些法则，并学会利用它们。通过重复的讲述，并从各个可能的角度来探索这些原则的特质，笔者希望透露给你，人们通过这些法则积累到巨额财富的秘密。但是令人感到奇怪和矛盾的是，这些法则看起来不像是被人刻意隐瞒的“秘密”。大自然本身就揭示了这个“秘密”，在我们生活的这个星球上面，天空中闪烁的星星，宇宙中肉眼可以看到的星星，我们周围的这些元素，大地上的每一片草叶，我们能够看到的各种形式的生命，都是大自然本身的造物。

自然将这个“秘密”以生物学的角度和一个小细胞的转变展示出来，它是如此细微，以至于人类很有可能会忽视它，没能达到现在的研究成果。当然，将愿望转化成相应的实际也谈不上是怎样的奇迹！

如果你不能够理解我所陈述的这一切，不要灰心。除非你是一个一直精研思想方面课题的学生，否则第一次读这本书的这一章节，不能够完全消化这些内容是很正常的。

但是随着时间的推移，你一定能够取得良好的进展。

接下来我要阐述的一条原则就能拓展你对想象力的理解。当你第一次读到这一原则的时候，你可以吸收自己能够理解的部分，然后，当你重读并且研究它的时候，你会发现，有一些事情在发生作用，你所能理解的越来越清晰，而且，也越来越广泛。总之，当你在研究这些原则的时候，不要停下来，也不要犹豫，直到你已经阅读这本书超过三遍，那时你就不会想要停下来了。

如何实际运用想象力

构想是一切财富的起始点。构想是想象力的产物。让我们来看看那些已经取得了巨大财富的几个著名想法，希望讲述这些故事能够揭示出想象力是如何被用来积累财富的，并提供给你们有用的信息。

魔法水壶

很多年前，一个古老的乡村医生驾马车前往一个小镇。拴住自己的马之后，他从后门悄悄溜进了一家药店，并且和年轻的药店店员开始了交易。在配药柜台后面，老医生和这个雇员低声谈了一个多小时。然后，医生离开了，他回到马车上拿了一把老水壶，一把大木铲（用来搅拌水壶中的东西），并且把它们藏在了药店的后面。

店员检查了水壶后，将手伸进了口袋里，掏出了一卷钞票，递给了医生。这卷钞票大概有 500 美元，这几乎是这个店员的毕生积蓄！

这个医生递给了店员一张小字条，上面写着一个秘方。小字条上面的秘密价值连城，但对这个医生来说却不值钱。这个神奇的秘密能够让水壶沸腾起来，但无论是老医生，还是年轻的店员，他们都不知道会有多么神话般的命运注定要从水壶中流淌出来。

老医生很高兴能够以 500 美元的价格卖出这一套装备。这笔钱将帮助他还清债务，并且给他的心灵以自由。而这个年轻的店员则是在试图抓住一个很大的机会，他赌上了自己的毕生积蓄，全押在了这张纸和这把老旧的水壶上面，这个赌注很大！他做梦也不会想到，自己的这次赌博会给他带来一把源源不断流出“黄金”的水壶，这把水壶简直比神奇的阿拉丁神灯还要令人惊诧。

应该说，这个店员买到的实际上就是一个构想！

老旧的水壶，一把木铲，还有一张字条上的秘密信息，这些都是偶然的。老水壶的新主人按照字条上的指示来操作之后，产生了一种连那个老医生都一无所知的成分，这个时候，水壶的神奇功用就发挥了出来。

仔细地读一下这个故事，然后发挥一下你的想象力。你可以开动自己的脑筋，看看能不能发现这个年轻人到底加入了什么秘密的配方，让这把水壶溢出了“黄金”。当你在读这个故事的时候，请记住，这不是《一千零一夜》的故事。你读到的这个故事就是真实发生过的事情，比虚构的故事还要离奇，而这一切都是从一个构想开始的。

让我们来看看这个构想已经产生的巨大财富。这一财富已经变成了现实，并且现在仍然在给全世界的男男女女创造着财富，因为他们都发现了水壶的秘密，并且传递给了数以百万计的人。

老水壶是目前世界上最大的食糖消费者之一，因此，它为数以千计从事种植甘蔗、炼糖和售糖工作的人提供长期的工作。

每年，老水壶都会消耗数以百万计的玻璃瓶，这给大量的玻璃厂工人提供了就业机会。老水壶还给全美国各地数目庞大的店员、广告文案撰稿人和广告专家创造了就业机会。很多艺术家创作了精美的作品来描绘老水壶的产品，因此产生了一批名利双收的艺术家。老水壶还让一个南方的小城市变成了南方的商业中心，几乎生活在其中的每一个居民都能够直接或间接地从中受益。这个构想的影响现在已经扩展到全世界每一个拥有现代文明的国家，向所有碰到它的人，源源不断地倾泻出了金色的光辉。

从这个水壶创造出来的财富创建并且维持了美国南部最有名的一个学院，成千上万的年轻人在那里接受培训，这对他们的成功来说必不可少。

老水壶还创造了很多其他奇妙的故事。

在20世纪30年代全美国经济陷入大萧条的时候，数以千计的工厂、银行和商业机构都倒闭了，而这一神奇水壶的拥有者却逆势而上，给遍布世界各地的人提供了持续的就业机会，并且还额外支付了一大笔财富给那些之前对这个想法充满信心的人。

如果这把老黄铜水壶创造出来的产品能够说话的话，那么它会用每一种语言跟你讲述一个个浪漫又惊心动魄的故事，在这里面，有爱情罗曼史，有商业传奇，还有很多职业男女每天被它刺激所产生的不凡故事。

笔者至少确切地知道，存在其中一则罗曼史，因为我本人就是这罗曼史的一部分。这一切就开始在药店店员购买这把老水壶的不远处。正是在那里，笔者遇见了自己未来的妻子，她是第一个告诉我老水壶魔力的人。就是在我们喝这把老水壶产出的饮品时，我问她，无论情况好坏，她是不是都能够全盘接受我。

现在，你可以猜到了，魔法水壶里面装的就是现在风靡世界的一种饮料，笔者承认，就是在这种饮料产生的城市，我认识了现在的妻子，也是这种饮料刺激了我的大脑，不过是无毒无害的。这种饮料还能够让人感觉思路清晰，这对一个作家来说，是一种非常需要的最佳写作状态。

不管你是谁，无论你在哪里生活，无论你从事什么职业，请记住，当未来你每一次看到“可口可乐”这几个字的时候，这个拥有巨大的财富和影响力的帝国，其前身就是一个单一的构想，而那个药店店员——阿萨·坎德勒所加入的神秘配方就是想象力！

请静下心来想一想，花一点儿时间。

你还要记住的是，本书中所描述的这 13 个致富的步骤，就是可口可乐将其影响力延伸到世界上每一个城市、村镇和十字路口的媒介。任何你可能会创造出来的想法，都有可能如“可口可乐”一般神奇而合理，都有可能再创这一风靡全球的饮料惊人的成功纪录。

诚然，**构想是一种商品，它们的经营范围是全世界。**

假如我有 100 万美元

接下来的这个故事证明了那句老话，那就是“有志者事竟成”。这句话是我最喜欢的教育家和牧师弗兰克·冈索勒斯告诉我的，他最早是在芝加哥南部地区开始自己的传教生涯的。

虽然冈索勒斯博士接受了大学的教育，他还是从我们的教育体制当中观察到了种种弊端。他认为，如果自己是大学的领导者，应该能够纠正这些弊端。他最深切的愿望是成为一个教育机构中的领导者，能够教会在其中学习的青年男女“边做边学”。

他打定主意要建立一所新的学校，在那里，他可以实施自己的想法，而不会被正统的教育方法所阻碍。

但是，整个项目需要花费 100 万美元！他从哪里才能够得到这一大笔钱来做这件事呢？这个问题一直困扰着这个雄心勃勃的年轻人。

他似乎一筹莫展，没有任何办法。

每天晚上，他在入睡之前都会思考一遍这个构想。每天早晨起床的时候，他也会想一遍。他走到哪儿都会带着这个想法。他在心里把这个想法重复了一遍又一遍，直到它成为心中的一个困扰。100 万美元确实是很大一笔钱。他也承认这个事实，但是他认为，唯一能够限制住一个人想法的，是自己心中的不信任和踌躇。

作为一个哲学家以及一个布道者，冈索勒斯博士承认，就和那些所有在生活中获得成功的人一样，一开始必须要有一个明确的目标。他也承认这个事实，那就是当一个强烈的想法能够被熊熊燃烧的愿望支撑的时候，我们就会获得动力、生命力和能量，就可以将愿望转换成同等的现实。

他知道所有这些伟大的真理，但是他还是不知道从哪里以及如何才能靠自己获得这 100 万美元。大部分人在这个时候可能会自然而然地选择放弃，或许在放弃的时候，还会略带可惜地说道：“不错啊，我的想法是好的，但是因为我没有办法来获得 100 万美元呀，所以我什么事情也不能做。”这正是大多数人聊以自慰的借口，但是，冈索勒斯博士并没有这样做。

那个时候，他说了些什么以及他的所作所为非常重要，所以我现在郑重地介绍他，接下来让他自己说：

“一个星期六的下午，我坐在自己的房间，想着究竟要怎样做才能弄到一些钱来实施我的计划。近两年的时间里，我一直都在想这个问题，但是除了想一想之外，其实我什么也没有做！”

现在，已经到了采取行动的时候了！

“我下定了决心，那就是——我必须在一个星期的时间里得到需要的 100 万美元。那我要怎么做呢？我其实并不关心这一点。最重要的事情就是，我明确了筹集到这笔钱所需要的时间，我想告诉你的是，当我最终做出在一个具体的时间内筹到这些钱的决定后，一种奇怪的感觉向我袭来，这种感觉是我以前从来没有体验过的。这种感觉就像心里有一个声音在对我说：‘为什么之前你没有做出这个决定呢？你不知道这些一直以来都在等着你吗？’

“事情开始于一阵匆忙之中。我打电话给报社，请他们帮忙发布消息，宣布第二天早上，我会发表一场题为‘如果我有 100 万美元，我会做什么’的演讲。

“我马上开始准备第二天演讲的工作，但是我必须坦率地告诉你，这个任务其实并不困难，因为我已经为这个话题准备了快两年的时间。它背后的精神已经成为我的一部分！

“在午夜来临之前，我就已经写完了演讲稿，然后我就上床睡觉去了。我对自己充满了信心，因为我已经可以预见到自己拥有了 100 万美元的场景。

“第二天早上，我醒来得很早。我走进了浴室，又朗读了一遍演讲稿，然后我屈膝跪地，思忖着我的这场演讲，希望它能够帮助我吸引那些能够提供金钱的人，让他们注意到这件事。

“当我在祈祷的时候，我再一次确信，这些钱一定很快就会到来。带着这样一种兴奋的感觉，我出发了，但并没有带上演讲稿，而且我一直没有发现这一点。直到我站在了讲台上，打算开始布道的时候，我才发现了这个事实。

“但是，这个时候回去拿演讲稿已经来不及了，后来才证实，我没有回去拿演讲稿简直是苍天的恩惠，因为我的潜意识里已经充满了所需要的材料。当我起身开始这场布道的时候，我闭上了眼睛，让深藏于我内心和梦想中的灵魂来诉说。我不仅仅是在和我的观众交流，我想，我还是在和神交流。我告诉他们如果愿意将 100 万美元交给我的话，我会用这笔钱来做些什么。我描述了在我的脑海中一直存在的计划，也就是开设一个伟大的教育机构，在那里年轻人能够学会做实事，与此同时，他们还能培养自己的思想。

“说完了这些，我坐了下来。一个人慢慢地从座位上站了起来，他离我大约有三排的距离。他从那里走向了讲台。我想我已经猜到了他要干什么。他来到讲台旁，伸出了手，并且说：‘牧师，我喜欢你的布道，如果你有 100 万美元的话，我相信你能做到你所说的这一切。为了证明我相信你的这场布道，我请你明天上午来我的办公室一趟。我会给你 100 万美元。我的名字是菲利普·奥摩尔。’”

年轻的冈索勒斯去了奥摩尔先生的办公室，而这 100 万美元是赠送给他的。有了这笔钱之后，他创立了奥摩尔科技研究所。这笔钱对绝大多数传教士来说，比他们一生能够赚到的钱要多得多，但是在这笔钱的背后，是构想的冲动，这个年轻的传道士的脑海里时时刻刻都在计划着这个想法。最终，他所得到的这 100 万美元就是一个想法带来的结果。这个想法的背后是一个愿望，年轻的冈索勒斯在他的脑海里整整思索了将近两年的时间。

这个故事里有这样一个重要的事实不能忽视，那就是当他在脑海中决定一定要得到这笔钱，并且制订了明确的计划后，36 小时之内，他就得到了它。

年轻的冈索勒斯，曾经对 100 万美元没有任何新的或独特的想法，对如何获得这笔钱也没有明确的计划。在之前的历史上，很多人和他一样，也有过类似的想法。但是，自从他在那个值得纪念的星期六做出了一个决定，将自己模糊的愿望变成坚定的愿望，并且肯定地说“我会在一个星期之内得到这笔钱”之后，一些奇特而不同的变化发生了。

上帝似乎会让自己降临在一些人的身边，他们都明确地知道自己想要什么，并且，他们对于自己会得到这些有着充分的信心！

冈索勒斯博士拿到了 100 万美元，他所运用的原则还在起作用。这个原则现在仍然为你所用。当年，那个年轻的传道士利用它获得了成功，而这一普遍的规律就算是到了今天，还依旧可行。这本书一步一步地描述了伟大的 13 个原则，并且对于如何使用这些原则提出了建议。

阿萨·坎德勒和弗兰克·冈索勒斯博士的故事都有一个共同的特点，那就是他们都知道一个事实，即**通过明确的目的，加上明确的计划，想法就可以被转化成金钱。**

如果你认为，一个人只要通过辛勤和诚实的工作就一定会获得财富的话，那么，请打消这个念头！这一定不是真的。巨大数量的财富，并且是为了某个明确的目的而产生，那一定是需要运用某些确定的原则，而不是通过偶然或运气就能得到的。

一般来说，一个构想是一种意念的冲动，它的产生需要想象力，而且能够付诸行动。所有的高级销售代表都知道，构想可以让卖不动的商品卖出去，而普通的销售人员却不明白这一点，这也是他们“普通”

的原因。

一位廉价书出版商发现了一个事实，这个事实对很多出版商来说都是非常有价值的。他了解到，很多人买书的时候，看的其实不是书的内容，而是书的标题。仅仅通过改变一本书的标题，而内容其实并没有任何出彩之处，他就能让一本书的销售一飞冲天，超过 100 万本。这本书的内容没有任何的改动,他所做的只是换掉之前没有吸引力的标题,换上一个更具有卖点的新标题而已。

这看起来也许非常简单，但确实是一种构想。这也是一种被想象力激发的构想。构想的价格其实没有标准，它是由构想的创造者自己来制订的，而且如果他足够聪明的话，他就能够真的得到它。电影工业创造了一个百万富翁的群体，他们中的大部分人其实无法创造一个新世界，但是，当他们看到一个构想的时候，他们有能力将这些构想变成虚拟的图像，并且让人们看到。

安德鲁·卡内基对如何制造钢铁知之甚少——卡内基就是这样形容自己的——但是他却在现实中运用了本书中描述的两条原则，让钢铁企业为自己带来了大量的财富。当一个构想的创造者和一个构想的销售者碰到一起，并且能够和谐地共事时，一个伟大的财富故事就此诞生了，并且，每天都有这样的故事发生在全世界的各个角落。卡内基的周围聚集了一批专家，他们都有自己的专业知识，能够创造想法，而且还能把想法投入实际的操作，最后，能够让他们自己以及其他人变得特别富有。

大多数人终其一生希望能够得到“突破”的机会。也许，一次适当的突破能够带来一个好的机会，但是最安全的计划就是不依赖运气。在我的人生中，曾经迎来了一次非常重要的突破，对我来说是人生最大的一次机会，但是在这个突破成为实际的财富之前，我已经为这个机会准备了 25 年的时间，付出了长久的努力。

那个突破就是和安德鲁·卡内基的会面和合作，其中确实有一定的运气成分。在那次会面中，卡内基在我的脑海里种下了将成功的原则总结为成功的哲学的构想。

成千上万的人都通过我 25 年的研究发现获得了帮助，并通过运用这一哲学积累了很多财富。这一切的开始很简单。这是一个构想，其实任何人都可以开发。

这个构想被卡内基刺激了一下，已经是一个适当的突破了。但坚定的决心、明确的目标、强烈的愿望和 25 年坚持不懈的努力来自哪里呢？一般的愿望不可能战胜失望、气馁、暂时的挫折以及“白费时间”的一次次自我提醒。那是一个强烈的愿望，强烈到已经变成了萦绕于心头的一种痴迷！

当卡内基先生首次将这个念头种植在我的脑海里时，我就努力培育它、呵护它，促使它慢慢生长。渐渐地，这个构想成长为一个能够依靠自身力量存在的巨人，它反过来引导我、关照我，并且驱使着我。构想就是这样的。首先，你给构想以生命力、行动力，还有指导，然后它们就能够依靠自己的力量帮助你扫除所有的障碍。

像安德鲁·卡内基以及西南航空公司的创始人之一赫伯·凯莱赫，他们都是推动构想的绝佳例证。当一个构想的创始人罗林·金找到凯莱赫的时候，他正在得克萨斯州圣安东尼奥当一名律师，罗林请他帮忙一起建立一家新的航空公司。

罗林·金是一名顾问。作为一项业余的业务，他在得克萨斯州的小城市之间承接一些无利可图的包机服务。当时，大多数会乘飞机旅行的美国人都是企业高管或者是四处寻求乐趣的富人。罗林沮丧地发现，当他想要从得克萨斯州的一座城市飞到另一座城市的时候，他永远没有办法从目前飞现有航线的航空公司买到一张飞机票，而且票价还都太高。

他认为有必要建立一家航空公司，公司将只开设在得克萨斯州三座最大城市之间的航线，但是罗林知道他的小航空公司没有办法承接这个业务，所以他决定创立一家新公司。他制订了一份可行性研究和商业计划书。他需要筹集到10万美元的资金。然后，他去找了赫伯·凯莱赫，也就是他的律师，来做一些必要的文书工作，为创建西南公司（后来的西南航空有限公司）做准备。

虽然凯莱赫起初对这个想法持怀疑态度，但他还是和罗林一起努力来获得一些额外的资金和政治方面的支持。在1968年2月20日，得克萨斯州航空委员会批准了西南航空公司的申请书，这家公司可以在三座城市之间开设航线。然而，在2月21日，竞争对手公司通过临时限制令禁止了这一计划。

凯莱赫的热情被这些公司的挑战点燃了，他想要打倒这些竞争公司，于是，他用上了自己的老本行——诉讼的本事。这场诉讼的焦点在于，得克萨斯州是否需要一家新的航空公司。

最后，通过为时三年半的诉讼，包括去三个法院的三趟旅程，西南航空公司终于获得了授权的认证，并且正式投入运营。

尽管他们获得了一个良好的开端，但这还远远不够。那一年，公司亏损了370万美元，而且这一亏损持续了整整一年半的时间。西南航空公司也曾试图降低成本吸引客户，但又不想影响原来制订的目标。

这个时候，凯莱赫对这个目标已经变得非常痴迷，他放弃了他的律师职业，全身心地投入了西南航空公司的经营中。他的目标是让这家公司成为其服务市场上用户首选的航空公司。

他所做的一个创新就是：设定高峰期和非高峰期机票价格。另一个创新是10分钟的周转时间。这是指在着陆后，每架飞机都将开进机位，然后维修检查，乘客下机，新乘客登机，在10分钟之内离开机位，而不是像其他航空公司一样，用上 45 分钟的时间。10 分钟周转能够让在三座城市之间运转的航空公司保持较高的效率，而且能够提高服务的及时性。

因为公司本身的预算有限，他们平时不会在一般的媒体上做广告，所以他们选择通过口耳相传来宣传公司的形象。为了做到这一点，公司决定培养一种轰动的、能被人传播的形象。客户服务因此成为他们的首要任务。他们对空乘人员的培训非常重视，要求他们一定要给予乘客“温柔呵护”。这家公司的口号是——“在空中，有人会爱你”。

此外，凯莱赫改进了登机牌发放耗时良久的恼人方法，他为所有的航班都创造了开放式的通道，所有的乘客都无须预订座位，当他们通过开放式通道登机的时候，工作人员就会在门口将登机牌发放给他们。

公司一直以旅客满意度为主要目标，因此，经过一段时间，凯莱赫和他的团队拥有了一批忠实的追随者，并且在旅客当中积累了相当良好的声誉。西南航空公司慢慢步入了上升的轨道。到 1978 年，它已经是全美国最赚钱的航空公司之一。在许多航空公司遭受重大挫折，有一些快要破产甚至歇业的 21 世纪初，西南航空公司不仅存活了下来，而且其赢利能力在行业中领先。

赫伯·凯莱赫对拥有成功意志的志同道合之人给出了如下建议：

坚持你的想法。尽管庞大的竞争对手一直在积极阻止西南航空公司进入这个行业，但是积极的态度仍然让西南航空公司在没有任何营业收入的情况下，坚持了三年的诉讼。

想想你的客户要什么，然后给他们想要的一切。

克服困难，采取积极措施，打破你前进道路上的障碍。即使战斗在进行之中，也要千方百计坚持下去。

对新机遇保持开放的心态，当它们出现的时候，采取积极的措施，以满足这些需求。

成功不需要解释，失败不容许借口。

第　七　章

致富第 6 步——组织计划：让愿望转变成行动

精心设计的计划，对任何想要成功积累财富的人来说，都是关键性的因素。如果没有切实可行并且能够发挥作用的计划，那么就算是最聪明的人，也不能实现自己积累金钱的愿望——他们也没有办法兑现任何其他的承诺。

制订实用的计划

你已经了解到，无论是人类创造还是获得的一切，都开始于愿望的形式。**愿望是整个旅程的起点，从抽象到具体，然后进入想象力的工厂**。实现愿望的计划就是在那里被创建和组织起来的。

在第二章中，你已经得到了指导，当你想要将愿望转变成等量的金钱时，要采取六个明确的、实际的步骤，这是你需要做的第一个行动。其中的一个步骤就是，形成一个或者多个明确的、切实可行的计划，通过这些计划，愿望才能最终被实现。这一章就会告诉你，该如何制订计划，而且是实用的计划。

1. 在自己的身边集合一群人才，越多越好，因为你需要他们的帮助来创建和执行计划。为了运用第十章中所描述的智囊团原则，为了实现赚钱的目的，你需要这样做。（按照这个指示来做，是绝对有必要的。一定不要忽视这一点。）

2. 组成你的智囊团之前，你要决定，小组中的每个成员能够得到什么利益和好处，才能让你换取到他们的合作。如果没有某种形式的补偿，没有人会无限期地工作。聪明人不会要求或期望另一个人无偿地为自己工作，当然报酬不一定都是金钱的形式。

3. 每周安排和你的智囊团成员至少见面两次，尽可能多见几次。保持这样的会面频率，直到你们共同完善了一个或者多个计划，这对财富的积累来说必不可少。

4. 让你自己和智囊团的每个成员之间保持完美和谐的关系。如果你没有完全按照这条指令来行事的话，你可能会遭遇失败。当完美和谐并不占上风的时候，智囊团原则就不能起到作用。请记住这些事实：

a. 你所做的事情对你来说具有重要的意义。为了确保它的成功，你必须拥有完美无缺的计划。

b. 你必须借助他人的经验、教育、能力和想象力。所有获得了巨大财富的人，他们都是遵循着这样的方法成功的。

大量财富的积累需要足够的经验、教育、能力和知识，但很少有单独一个人能全部具备。所以，你必须和别人合作。在你努力积累财富时，你所采纳的每一个计划都应该是你和智囊团其他所有成员共同创造的。无论是全部还是部分，计划可能来源于你的构想，但无论如何，必须让你的成员检查你的计划，并且让他们认可你的计划。

如果你采用的第一个计划没有能够成功地发挥作用，那么就用一个新计划来替代它，如果这个新计划也失败了的话，那么继续用另一个来代替它，通过不断重复这样的尝试，你最终会找到一个能起作用的计划。在这个过程当中，很多人都会遭遇失败，因为他们在创造新计划替代那些失败的计划时，缺乏持久性。

如果没有切实可行并且能够发挥作用的计划，那么就算是最聪明的人，也不能实现自己积累金钱的愿望——他们也没有办法兑现任何其他的承诺。当你的计划失败时，一定要记住一点，暂时的失败绝不会是永久的失败。这仅仅表示，你的计划存在某些缺陷。那就制订其他的计划吧，从头再来。

托马斯·爱迪生在失败了 10000 次之后，才发明了完美的白炽电灯泡。这也就是说——在他所有的努力获得圆满成功时，他已经 10000

次地经历了暂时的失败。**暂时的失败其实只能说明一件事，就是你的计划当中一定有什么是不对的。**成千上万的人在苦难和贫穷当中度过了自己的一生，就是因为他们没有找到能够积累财富的健全计划。

亨利·福特能够积累大量的财富，不是因为他卓越的头脑，而是因为他制订并遵循了计划，并且计划被证明是合理的。比福特拥有更好的教育背景的人比比皆是，但是他们之中却有很多人生活在贫困里，因为他们没有积累金钱的正确计划。

当詹姆斯·希尔第一次为建立从东部到西部的铁路努力筹集必要的资金时，他也遭遇了暂时的失败，但是之后他通过制订新的计划，最终转败为胜。

亨利·福特不仅仅在他的汽车生涯刚刚开始时遭遇过挫折，而且在事业已经蒸蒸日上时也遭遇过暂时的失败。但是他还是创造了新的计划，继续在通往财富的道路上前行。

我们看过很多已经积累了大量财富的人，但是我们往往只看到了他们最后的成功，忽视了他们在到达终点之前，一路上所遭遇的暂时的失败。

本书中所阐述的哲学的追随者们，你们不要期待不经历“暂时的失败”就能按照预期积累财富。当失败来临的时候，将它当作一个信号接收吧，它只是在告诉你，你的计划不健全，你需要重新修订自己的计划，然后再次向你梦寐以求的目标前进。如果你放弃之前已经达成的目标，你就会成为一个半途而废的人。

半途而废的人从来不会赢，而赢家决不会退缩。

将这句话记住，写在一张纸上，然后把这张纸放在你每天睡觉时就能看到的地方，在每天早晨起床去上班前都要看一下。

当你开始选择智囊团的成员时，尽量选择那些不会把失败看得很重的人。有些人会愚蠢地相信，只有金钱才能创造财富。这是完全不对的！愿望通过这里所规定的原则转变成相应的财富，就是通过这样的机制，金钱被“制造”出来。金钱本身其实什么都不是，只是惰性物质。它不能动，不能思考，也不能说话，但是一个人却可以聆听自己的愿望，并且召唤它前来。

规划个人服务的推销

本章的剩余部分将会用来描述推销个人服务的方式和手段。这里所传递的信息，任何需要将个人服务推销给市场的人都能从中获益。对那些希望在自己选择的职业上成为领导者的人来说，这将是无价之宝。

精心设计的计划，对任何想要成功积累财富的人来说，都是关键性的因素。接下来的内容，那些必须通过出售个人服务开始财富积累的人能够从中发现如何去行动的详细说明。实际上，几乎所有伟大的财富都开始于提供个人服务或者销售构想的形式，这是鼓舞人心的。除了构想和个人服务，还有什么能够让那些没有财产的人走向通往财富的道路呢？

广义地说，这个世界上存在两种类型的人，一种是领导者，另一种是追随者。你需要在一开始就决定，在你所选择的领域，你究竟是打算成为一个领导者，还是追随者。这两个选择所带来的后果千差万别。追随者不能期待拥有领导者所拥有的权力，虽然很多追随者都会做出错误的预期，期待能得到领导者的回报。

成为一个追随者其实不是什么丢人的事。另外，如果你一直是一个追随者，也没有什么难以启齿。最伟大的领导者最初都是追随者。他们之所以能够成为伟大的领导者，是因为他们是聪明的追随者。除了少数例外，那些无法追随聪明的领导者的人，一般都不能够成为有效的领导者。那些可以最有效地追随领导者的人，通常是那些最迅速发展成领导者的人。一个聪明的追随者有很多优势，其中之一就是他们有机会从领导者身上学习到很多知识。

领导力

领导力的重要因素

以下是领导力的重要因素：

1. **基于对自己的知识和职业的认知而拥有的坚定勇气。**没有追随者希望领导自己的人是一个缺乏自信和勇气的人。任何聪明的追随者都不会一直甘于受这样的领导者指挥。

2. **自我控制能力。**那些无法控制自己的人自然不能掌控他人。领导者的自我控制能力能为其追随者设立一个高大的标杆，而聪明的追随者会进行模仿。

3. **强烈的正义感。**如果没有公平正义的意识，那么领导者就不能让追随者对自己保留应有的尊重。

4. **果断的决策。**那些对自己的决定摇摆不定的人，说明他们不了解自己。他们当然不能成功地领导他人。

5. **明确的计划。**成功的领导者必须对工作有所计划，而且要执行自己的计划。一个领导者，如果总是游移不定，做出的计划不实用、不明确，那就相当于一艘船失去了舵手，迟早会撞到岩石上。

6. **不计报酬的工作习惯。**做一个领导者，必要的牺牲就是要自愿比他们的追随者做得更多，这样才能让他们追随自己。

7. **令人愉悦的个性。**一个散漫、草率、粗心的人，几乎不可能成为一个成功的领导者。领导者需要他人的尊重。如果领导者没有令人愉悦的个性，追随者是不会尊重他的。

8. **同情和理解。**成功的领导者必须同情他们的追随者。此外，他们必须理解自己的追随者，并体谅他们。

9. **掌握细节。**成功的领导者必须掌握领导职位的所有相关细节。

10. **愿意承担全部责任。**成功的领导者必须愿意为追随者的失误和弱点承担责任。如果他们推诿这些责任，那他们就不能继续当领导者。如果追随者犯了错误，并且变得不能胜任自己的工作，那就是领导者的失败之处。

11. **合作。**成功的领导者必须了解并且能够运用合作的原则，他们还要能够引导追随者做同样的事情。领导者需要力量，而力量来源于合作。

领导有两种。第一种是迄今为止最有效的领导，也就是得到了众人情感共鸣和理解的领导；第二种就是无法得到追随者肯定和理解的霸道领导。

人们可能会暂时地屈从于霸道的领导，但是他们绝对不是心甘情愿地这样做的。

以上所描述的 11 个要素以及其他一些重要因素，共同形成了关于领导力的新定义。那些正在建立领导力基础的人，可以在生活中的任一方面寻找机会，来锻炼自己成为真正的领导者。

领导失败的 10 个主要原因

我们现在来看看导致领导者失败的原因都有哪些，因为知道什么不应该做和知道什么应该做一样重要。

1. **没有组织细节的能力。**有效的领导必须有组织和控制细节的能力。一个真正的领导者，永远不会用“太忙”来作为借口，为自己没有时间做一个领导者应该做的事情来辩护。无论是领导者还是追随者，如果因为太忙没能改变计划，或者是无法对任何紧急情况给予关注，那都是效率低下的表现。成功的领导者必须是全面掌握自己所处位置所有相关细节的高手。当然，这意味着，领导者必须要培养一个时刻关注细节的副手来帮助自己。

2. **不愿意从事卑微的工作。**当情况需要的时候，如果他们想要让其他人也这样做的话，真正伟大的领导者要愿意进行任何形式的劳动。“最伟大的领导者要甘于为所有人服务”，这是一个真理，所有的领导者都应该遵守和尊重它。

3. **希望依靠知识本身而不是通过知识展开的行动得到报酬。**这个世界不会仅仅因为你知道什么事就付给你报酬。只有当你做了什么，或者让他人做了一些实事的时候，才会被给予报酬。

4. **害怕来自追随者的竞争。**那些整天在担心自己的追随者中会有人取代自己的领导地位的人，迟早都会让这种担心成为现实。有能力的领导者应该训练追随者，给予他们代表自己的权力。只有这样，领导者才能够培育自己的力量，在关注到全局的同时，也时刻注意到多项事务。人们如果拥有驱使他人执行的能力，那么他们所得到的会比通过自己努力赚取的要多，这是一个永恒的真理。高效的领导者可以通过自己所拥有的专业知识和个性魅力，极大地提高他人的效率，诱导他们提供更多和更好的服务，而不是自己独自去做一些事情。

5. **缺乏想象力。**没有想象力，领导者就没有处理突发情况的能力，也不能制订计划来有效地引导追随者。

6. **自私**。如果领导者将所有追随者工作的荣誉都归为己有，他们一定会被怨恨所包围。真正伟大的领导从来不会声称自己有什么荣誉。当有任何荣誉的时候，他们只会心满意足地看着追随者享受这些荣誉，因为他们知道，大多数人得到表彰之后，会更加努力地工作，这样的激励其实比给他们金钱要更有效。

7. **放纵**。追随者不会信任放纵的领导者。此外，无论沉迷于何种形式的放纵，都会破坏人们的耐力和活力。

8. **不忠**。或许，这一条应该被列在第一位。那些对自己的信仰、合作伙伴——无论是其上司还是下属——不忠诚的领导，都不可能长期保持领导地位。不忠，会让一个人变得比地上的尘土还要轻，还会降低一个人的声誉，让别人蔑视他。**缺乏忠诚是各行各业失败的主要原因之一。**

9. **过分强调领导的权威**。高效的领导者会通过鼓励来带动追随者，而不是通过往他们心中灌输权威。那些试图通过自己的权威来给追随者施压的领导者，其实就是那种通过暴力得到自己领导位置的人。真正的领导者并不需要大声高呼领导的事实，而是要通过自己的同情、理解、公平和工作的专业知识来让他人认同这一事实。

10. **对称谓的重视**。能干的领导不需要通过称谓来赢得自己追随者的尊重。那些对称呼非常在意的领导，通常除了称呼之外，也没有其他值得强调的亮点。真正的领导者，办公室的大门永远向那些愿意进入的人敞开着，他们的工作场所，无论在形式上还是排场上，都是非常普通的。

这些都属于比较常见的领导失败的原因。只要出现其中任何一条，领导者都可能会失去领导的位置。如果你渴望成为一名领导者的话，一定要仔细通读以上的清单，确保你不会遭遇失败。

新型领导方式

还需要提醒你注意的是，有一些领域当中，旧的领导方式日趋过时，而新型领导方式则有着丰富的机会。

第一，政治领域是对新领导者的出现有着最迫切需求的领域，而且这种需求都极为紧迫。现在的太多政客已经成为高级的、合法的敲诈勒索者的代表。他们增加政府的税收，造成了行业和企业的不断堕落，直到人们再也无法忍受重负的时候，他们就会被赶下台。

第二，金融行业正在经历一场变革。在这一领域的旧领导者几乎已经完全失去了公众的信任。现在，已经有很多金融高管感觉到改革的需要，而且他们已经在行动。

第三，工业在召唤新的领导者。老旧型的领导者是从公司利益的角度出发来思考和行动，而不是为了所有员工的平等来思考和行动。未来工业领域的领导者，必须将自己定位成一名准公共官员，他们的职责是形成这样一种管理方式，来有效管理一群人的信任，而不是从个人或者团体的利益出发。剥削工人的工厂已经是过去式了。如果渴望在商业、工业和劳动力产业成为领导者的话，都需要记住这一点。

第四，未来的宗教领袖将被迫更多地关注他们追随者的世俗需求，关注他们亟待解决的经济和个人问题，而对于已经发生的过去，还有尚未发生的未来，关注相应地就会减少。

第五，在法律、医学、教育这些专业领域内，从某种程度来说，新型领导者将成为一种必然。在教育领域尤其如此。这个领域未来的领导者必须要找到教导人们应用在学校所接受知识的方法和手段。他们必须处理更多与实践相关的问题，而不是像现在这样，大多停留在理论层面。

第六，新闻领域也要求新型领导方式的出现。未来的媒体，如果想要成功运营的话，必须与特权阶层分割开来，并且要从依靠广告收入的模式中解放出来。

以上列举的，只是给新型领导方式和新的领导者提供了机会的几个领域。当今世界正处在高速的变化当中，这意味着，改变人类习惯的媒介必须适应这种变化。与其他的媒介比较起来，这里所描述的媒介更能决定文明发展的趋势。

应聘职位的时机和方法

下面所说的资料是多年的经验积累，成千上万的人都依靠这些经验成功地推销了自己的个人服务。因此，这些经验是绝对可靠和实用的。

推销个人服务可用的媒介

经验证明，下面的媒介能够为个人服务的买方和卖方提供最直接、最有效的帮助：

1. **职业介绍所**。必须注意选择信誉记录良好的机构，它需要提供曾经帮助求职者实现过目标的记录证明。

2. **报纸、行业杂志和互联网上的广告**。那些申请行政或一般薪酬水平工作的人，通常可以利用分类广告获得较令人满意的结果。对寻求主管级工作的人来说，适合在醒目的位置刊登广告来吸引雇主的注意。这个广告应该由专家来设计，因为他们知道如何推销个人的服务，来得到令人满意的结果。

3. **个人求职信。**这种信通常是写给特定的企业或者个人，他们通常需要你所提供的服务。信件需要规整地打印出来，而且要附上手写签名。和这封申请信一起，需要附上一份完整的简历或者对求职者的资料概述。申请信和简历都应该根据专家的意见来准备。

4. **通过熟人求职。**如果有可能，应聘者最好是通过共同的朋友来接触潜在的雇主。这样的方法特别适合那些寻求主管级职位，但又不想显得好像在兜售自己的人。

5. **毛遂自荐。**在某些情况下，如果应聘者能够亲自对他们未来的雇主提交求职申请的话，将更加高效。在此情形下，应提供一份完整的书面陈述，以便潜在雇主能够和合作伙伴一起讨论。

书面简历中需要提供的信息

就像一个律师在开庭之前准备相关的材料一样，简历应该准备得细致和充分。除非应聘者在简历编写方面有着丰富的经验，否则还是应该寻求专家的建议。成功的商人会雇用那些懂得艺术、广告心理学，知道如何介绍自己提供服务优劣的人。一个出售个人服务的人也应该这样做。简历中一定要有以下信息：

1. **教育。**陈述要简短，但是要肯定。要对你接受过什么等级的教育、你在学校里的专业是什么、你为何选择这一专业等方面进行说明。

2. **经验。**如果你有过和正在寻找的职位类似的工作经验，那你需要全面地描述它，包括以前雇主的名字和公司地址。记住，简历里需要有特别具体而明确的经验，它能够让你在寻找职位的时候占有优势。

3. **推荐信。**几乎每一家公司都希望知道所有关于将要雇用的员工的以往记录，包括以前负责的工作内容等。如果雇主问到谁可以给你提供之前经验和能力的证明，你需要准备一些答案，例如以前雇主的名字，指导过你学习的老师，或者是那些可以依靠的在行业内比较有能力或名望的人。

4. **应聘一个明确的职位。**在应聘一个职位的时候，要避免一种情况，就是没有描述清楚你到底想要应聘的是什么职位。永远不要仅仅是去“应聘一个职位”（缺乏对这个职位的了解）。这表明你缺乏专业资格。

5. **陈述你所具备的所有关于应聘职位的相关资格。**对于为什么要应聘这个职位，你一定要给出充分的理由。在你的应聘过程中，这是最重要的细节，超过其他所有部分，因为它将决定你能够接收到什么样的反馈。

6. **承诺你可以接受试用期。**在大多数情况下，如果你有决心一定要得到自己所应聘的职位，那么，提供一个星期、一个月，或者是足够长的一段时间来作为试用期，这段时间就算没有收入也行，但它应能让你未来的雇主判断出你的价值。这似乎是一个略显激进的建议，但是经验证明，这至少能提供一次尝试的机会。如果你确定自己具备相应的资格，那么一次尝试的机会就是你所需要的。顺便说一句，这样的提议也表明，**对于你所寻求的这个职位，你要绝对相信自己是有能力胜任的，这是最有说服力的。**如果你的提议被接受，而且能够好好表现，那么很有可能在试用期也能得到相应的报酬。不过，需要弄清楚的是，你的提议是基于：

a. 你相信自己有能力胜任这个职位。

b. 在尝试之后，你相信未来的雇主一定会雇用你。

c. 你对于自己所应聘职位的决心。

7. **对于你未来雇主从事业务的相关专业知识。**在应聘职位之前，你需要对这家企业相关的领域做充分的研究，让自己充分熟悉行业，然后你就可以介绍一下在这个领域内所了解的知识。这将是令人印象深刻的，因为它证明你有想象力，而且能够展现你对所应聘职位的兴趣。

请记住，**能够赢得官司的律师，从来都是准备最充分的律师，而不是最懂得法律的律师**。所以，如果你能够适当地准备和提交自己的应聘申请，那么在开始你就已经掌握了超过一半的胜算。

不要害怕你的简历太长，雇主物色合适的求职者所花费的心思和你找寻合适职位所花费的心思一样多。事实上，最成功的雇主的主要成就，就在于有能力为自己挑选到合适的帮手。他们希望简历中能提供有用的信息。

还要记住另外一件事：**将简历准备得尽量整洁，这说明你是一个严谨且细致的人**。我已经帮助很多客户准备过简历，他们的简历都非常出色，超出一般水平，这让他们在没有接受面试的情况下就获得了自己应聘的职位。

当简历完成之后，把它打印在一张你可以找到的最好的纸上，仔细检查拼写和语法。遵循这些有关简历的指示，将自己努力提高到想象力能达到的位置。

成功的销售人员都会精心装扮自己。他们明白，**第一印象非常重要**。你的简历就是你的销售代表。给它穿上一套最好的西装，它会从你未来雇主看到的所有简历当中脱颖而出，这些简历都是来竞争同一个职位的。如果你寻求的这个职位值得拥有的话，那么简历就得精心准备。此外，如果你能将自己以一种与众不同的方式介绍给你未来的雇主，让他见识到你的个性，他可能一开始就会为你提供的个人服务付出更多的报酬。但是如果你按照中规中矩的方式应聘的话，就不可能得到同样的报酬。

如果你是通过一家广告公司或者是职业介绍所找工作，那么让代理人使用你的简历来推销服务。这将帮助你获得一些来自代理机构和未来雇主的青睐。

如何得到期望的职位

每个人喜欢从事的工作，应该是自认为最适合自己的工作。艺术家热爱与颜料为伍，作家热爱写作，手工艺者喜欢动手。那些没有突出才能的人也会对工商业的某些特定领域有着自己的偏好。如果美国有什么好的地方，那就是它能够提供广泛的就业领域，从耕作、制造、市场营销到各种专业，一应俱全。

第一，确定你想要的工作究竟是什么样的。如果这份工作不存在的话，或许你可以创造它。

第二，选择未来你想要为之奋斗的公司或者个人。

第三，研究你未来的雇主、行业政策、人员和进步的机会。

第四，分析你自己，包括才华和能力，弄清楚你能提供什么，然后考虑能够发挥优势、提供服务、获得发展的方式和方法。

第五，忘掉关于“工作”的概念，忘掉是否能有一个机会，忘掉常规的“你能不能给我一份工作？”的求职方式。你应该专注于自己能提供什么样的服务。

第六，一旦你的脑海里已经有了计划，找到一个经验丰富的人，让他帮你将这个计划条理分明、内容详尽地写在纸上。

第七，将它传递给正确的人，这个人必须拥有决定的权力。每家公司都在寻找那些可以提供有价值的东西的人，无论这个东西是思想、服务或“关系”。这样的做法可能需要你多花费数天或数周的时间，但是一定会给你相应的回报，无论是收入的差距、上升的空间还是获得认可的程度等，都能帮助你节省奋斗的时间。它有很多优点，其中主要一点就是，它能够帮助你少花一到五年的时间实现原先制订的目标。每个一开始就这样做或者从半路开始这样做的人，通过周密细致的计划，都会取得事半功倍的效果。(当然也有例外，例如老板的儿子。)

推广服务的新方法

"工作"现在是"伙伴关系"

无论男人还是女人，想要在未来能够最大限度地推销自己的服务，一定要认识到一点，雇主和雇员之间的关系已经发生了惊人的变化。

不久以后，这样的时代就会来临，"黄金法则"将会取代"金钱法则"，成为商品市场以及个人服务市场的主导因素。在未来，雇主和雇员之间的关系将更像是一种伙伴性质，其中包括：

1. 雇主。
2. 雇员。
3. 他们所服务的大众。

这种营销个人服务的方式，之所以说它新，原因有很多：但最重要的一点是，未来的雇主和雇员将被视为共事的人，他们的责任就是高效率地为大众服务。在过去，雇员和雇主之间总是针锋相对，为了得到各自想要的东西，他们会讨价还价。但是他们都没有考虑过，他们各不相让的受害者归根结底就是第三方，也就是他们共同的服务对象——大众的利益。

在未来，无论是雇主还是雇员都会认识到，他们之间将不再需要讨价还价。他们未来真正的雇主将是他们所服务的大众。

每一个想要有效推销个人服务的人，都应该将这一点作为最重要的一点，牢牢地铭记在脑海中。

“礼貌”和“服务”是现在商业环境中的口头禅，与其说它们适用于雇主，不如说它们更适用于那些正在推销个人服务的人，因为说到底，无论雇主还是雇员，都受雇于他们所服务的大众。如果他们不能够服务好大众，那么就会丧失提供服务的良机。

你的“QQS”评价如何

我们已经明确地说过了，能够有效和长久地推销服务的原因。一个人如果想要有效并且永久地推销个人的服务，那么他就必须学习、分析、理解和应用这些原因。你的个人服务，只有靠自己来推销。你所能提供服务的质量和数量，其所表达的精神，很大程度上决定了你所能得到的回报和受雇期限。为了有效地推销个人服务（这意味着有一个永久的市场，令人满意的价格，还有舒适的条件），必须采用并且遵循“QQS”公式，也就是质量加上数量，还有适当的合作精神，三者相加才等于完美的服务推销术。要记住“QQS”公式，运用它并且更进一步培养成习惯。

为了准确理解这个公式的含义，让我们来分析一下这个公式。

1. 服务的质量（Quality）：以永远追求更高效为目标，以最有效的方式完成与你的职位相关的每一个细节。

2. 服务的数量（Quantity）：在任何时候提供力所能及的服务的习惯。通过练习和实践，可以不断提升提供多元服务的能力。这里的重点又是“习惯”这个词。

3. 服务的精神（Spirit）：一种愉快、和谐的氛围，能够促进同事和上下级之间的合作。

足够优质的服务质量和足够多种类的服务类型，不足以为你推销自己的服务提供一个永久的市场。你在提供服务时的行为表现或者传达出来的精神，才是更强大的决定性因素，它们能够影响你所能够获得的报酬和受雇时间的长短。

在关于如何成功地推销个人服务的描述中，安德鲁·卡内基比其他人要更多地强调这一点。他反复地强调和谐共处的必要性。他说过，一个人无论其能够提供的工作质量多高，数量多大，只要其不能以和谐的精神和团队一起共事，他就不会雇用这样的人。卡内基先生坚持使用个性随和、乐观的员工。为了证明对这一品质的重视，他让很多符合这一标准的人变得非常富有，而那些不符合这一标准的人则没有任何机会。

我们一直在强调令人愉悦的个性的重要性，是因为这是一个能够让人们精神饱满地提供服务的因素。**如果一个人拥有令人愉悦的个性，能够以和谐的精神提供服务，那么这样的特质往往能够弥补在服务质量和种类方面的不足。**毕竟，没有什么能够成功替代令人愉悦的行为。

服务的资本价值

如果一个人的收入完全来源于其所出售的个人服务，那么他就和一个贩卖商品的商人没有差异，也就是说，他所遵循的法则应该和贩卖商品的商人一模一样。

之所以一直强调这一点，是因为大部分出售个人服务的人都犯了一个错误，他们认为自己不需要遵循商人的行为守则，而且也不需要承担像商人一样的责任，他们认为自己和商人不同。

“拼命三郎”的时代已经过去了，取而代之的是“积极的服务型推销”。现代商业的模式终于将压在其上的盖子打开了。而且，这个盖子再也不会被盖上了，因为在未来，商业合作再也不需要通过施加压力的方法来进行。

大脑的实际资本价值可能取决于你所创造的收入（通过出售个人服务的方式）。关于服务的资本价值，有一个比较公平的计算方式，就是将你的年收入乘以 $16\frac{2}{3}$，这是一个比较合理的估计，因为你的年收入代表了资本价值的 6%，租金为每年 6%。你的收入不会比大脑真正的价值多，通常要少得多。

如果有效销售你的聪明大脑，那么它所代表的资本价值会比销售商品创造的价值大得多。因为大脑永远不会因为经济不景气而贬值，也不会被窃取或消耗。此外，如果不能和聪明的“大脑”相结合，那么经营企业必备的资本就会如同铺满草芥的沙丘，毫无价值。

失败的 30 个主要原因

人生最大的悲剧在于，那些认真尝试过的人最后却失败了！之所以说是悲剧，是因为相比成功的人，失败的人在数量上竟然有压倒性的优势。

我曾经分析过数千个男性和女性，其中 98% 的人被归类为失败者。对整个文明和教育系统而言，竟然会有 98% 的人要经历生活的失败，这确实能说明其中存在一些问题。但是我写这本书不是为了要讨论这方面的原因，如果要讨论这个话题的话，那需要比这本书的内容多上 100

倍的篇幅才能说清楚。

我的这些分析证明了，导致失败的原因主要有 30 个，而致富有 13 条原则。在这一章节当中，我将会阐述导致失败的 30 个主要原因。阅读这些原因的时候，你可以逐条对照着检查一下自己，看看这其中有多少失败因素阻挡了你的成功之路。

1. **先天不足。**天生有智力缺陷的人虽然存在，但是很少。这样的人，有一种方法可以弥补，就是借助智囊团的帮助。好在这是 30 个原因当中唯一一个不能通过个人的努力来弥补的缺陷。

2. **缺乏明确的人生目标。**如果一个人没有人生的中心目标，不知道自己应该瞄准哪个明确目标，那他就没有成功的希望。我所分析的 100 个人中，98 个人没有明确的目标。可能这就是他们会失败的主要原因吧。

3. **缺乏雄心壮志，没有想要超越平庸的决心。**一些人对获取成功一事缺乏热情，冷漠以待，而且也不愿意为此付出任何代价，这样的人注定没有成功的希望。

4. **缺乏教育。**这是比较容易被克服的障碍。经验表明，受到最好教育的人，往往是那些主动性强、会去自学的人。光靠一纸大学文凭，并不能证明一个人受了足够的教育。所谓受过教育的人，指的是那些在生活中不侵犯他人的权利，也能学会自己想要的知识的人。教育并不等于很多的知识，而是包括有效和持久地运用知识。人们不会仅仅因为他们的知识而得到报酬，只有通过运用知识做成一些事情，才能够得到报酬。

5. **缺乏自律。**纪律来源于自我控制。这意味着，一个人必须控制自己所有的负面情绪。在可以控制环境之前，你必须先学会控制自己。自我控制永远都是你所遇到的最难解决的问题。如果你不能够战胜自我的话，你就会被自我征服。当你站在镜子前面的时候，你可以同时看到自己最好的朋友和最大的敌人。

6. **健康状况不佳**。如果一个人没有良好的体魄，那他就没有条件享受任何杰出的成就。很多人健康状况不佳，是因为他们无法掌握和控制自己。其中主要的情况有：

a. 暴饮暴食，而且吃下去的食物并不利于健康。

b. 错误的思维习惯：对一切持消极否定的态度。

c. 不良的性习惯或者沉溺于性爱当中。

d. 缺乏适当的身体锻炼。

e. 由于各种原因，导致新鲜空气供应不足。

7. **童年时期不利环境的影响**。“因为树苗是弯曲的，所以树才会长歪。”儿童时期在某些恶劣环境下遭受过不当引导的人，大多数都会发展出潜在的犯罪倾向。

8. **拖拉**。这是失败最常见的原因之一。“拖延症”永远在每个人的身后默默等待着，伺机破坏人们获得成功的机会。我们中的大多数人之所以终其一生都是失败的，是因为一直在等待所谓“正确时机”的到来，他们认为只有那个时候才能开始做一些有意义的事情。千万不要只是等待。时间永远不会“恰到好处”。从你想到的那一刻就开始行动，先利用手边的工具，在进行的过程中，你会发现更好用的工具。

9. **缺乏毅力**。大多数人在起跑的时候状态良好，但却不能善始善终。此外，当失败表现出第一次征兆的时候，人们很容易就放弃了。但是，没有任何其他的特质能够代替毅力。有毅力的人才能够战胜“拖延症”，根本不会被它所阻碍，失败从来都不能打败毅力。

10. **消极个性。**对那些性格消极的人而言，成功是永远没有希望的。成功来源于力量的运用，而力量则是通过和其他人的合作实现的。但是消极的个性是绝对不会吸引人与之合作的。

11. **缺乏对性冲动的控制。**在所有驱使人们采取行动的能量当中，性冲动是最强大的。因为它是情绪最有力量的一种形式，所以它必须得到控制。性能量必须通过转变，转化成其他可用的形式。

12. **渴望不劳而获。**赌博的本能让千百万人走向了失败，这方面的证据可以在 20 世纪的一项研究中找到。这项研究发现，数以百万的人试图通过投资空头公司一夜暴富，结果都惨遭失败。

13. **缺乏果断决策的能力。**获得成功的人们通常都能够快速地做出决定，除非是有特别的需要，他们不会改变自己的决定。而失败的人们通常做出决定都非常缓慢，并且会频繁而迅速地改变自己的决定。犹豫不决和拖沓是孪生兄弟，如果在某个人的身上发现了其中一个，那么通常也会发现另一个。在这对孪生兄弟发展到阻碍你的成功前，先杀死它们，这样你就不会走向失败了。

14. **六种恐惧当中的一个或更多。**第十五章会详细为你阐述这六种恐惧。在你能够有效地推销自己的服务之前，你必须完全掌控这些恐惧。

15. **错误地选择了婚姻伴侣。**这是失败最为常见的一个原因。婚姻关系将人们紧密地连接在一起。除非这种亲密关系是和谐的，否则失败会如影随形。此外，它会被标记为充满痛苦和不幸的一种失败，并且可能会消磨一切雄心壮志。

16. **过分谨慎。**如果一个人过分谨慎，不敢抓住任何机会，那么他就只能挑到那些被别人剩下的机会。过度谨慎和不够谨慎一样，都是非常糟糕的，因为这两者都是比较极端的情况。生活本身就处处充满了偶然性。

17. **事业合作伙伴选择不当**。这是在事业方面最为常见的失败原因之一。在销售个人服务的时候，人们应该对选择雇主这件事情非常谨慎，你应该选择激情的、聪明的、成功的人来成为合作伙伴。因为我们会模仿那些与自己关系密切的人。所以你应该为自己挑选一个值得效仿的雇主。

18. **迷信和偏见**。迷信是恐惧的一种形式，也是无知的表现。成功者们对所有的思想都保持开放的心态，而且他们什么都不怕。

19. **对职业的错误选择**。没有人能够在自己不喜欢的事情上面获得成功。在个人服务销售中，最重要的一步就是选择一种职业，你可以全身心地投入这种职业。

20. **不够专心**。如果你只是一个对任何事情都杂而不精的人，那你在任何一方面都不会成功。将你所有的努力都集中在一个确定的主要目标上。

21. **滥用金钱的习惯。乱花钱的人是不会获得成功的，这主要是因为他们会永远活在对贫困的恐惧当中**。将自己收入的一部分存起来，养成系统的储蓄习惯。银行里的钱会给予你足够的勇气，你能在出售个人服务时，非常安心地和别人讨价还价。如果没有钱的话，一个人就必须接受别人提供的任何条件，并且还要感激涕零。

22. **缺乏热情**。没有热情的人是无法让别人信服的。此外，热情是有传染力的，一个人如果拥有热情并且能够加以控制，那么他就能得到任何一群人的欢迎。

23. **偏执**。心胸狭隘的人是很难取得任何进步的。偏执意味着一个人已经停止获取新知识。不宽容最具破坏性的形式是与宗教、种族、政治制度有关。

24. **放纵**。放纵最具破坏性的形式往往和暴饮暴食、酗酒和性活动有关。沉溺于以上任何一种行动，对成功都是致命的破坏。

25. **没有与他人合作的能力。**因为这个原因，已经有越来越多的人错失了在生活中曾经出现的机会，这比其他所有原因加在一起的破坏力还要大。对任何一个主管或者公司负责人来说，这都是一个不能容忍的缺陷。

26. **未通过自己的努力却获得了某种权力（那些继承了家庭财富的后代，以及通过其他方式继承了财富的人）。**如果一个人没有通过自己的努力却得到了一些权力，那么这往往会阻碍他们成功。一夜暴富比贫困更危险。

27. **蓄意欺骗。**没有任何品质能够替代诚实。人们可能会由于自己无法控制环境而选择暂时的不诚实，这不会造成永久的伤害。但是，对那些选择了不诚实的人而言，成功是没有机会的。他们的行径迟早都会败露，他们将失去信誉，甚至会付出丧失自由的代价。

28. **自私和虚荣。**这些特质都是红色警告，会让其他人与之保持距离。它们对成功而言都是致命的缺陷。

29. **习惯用猜测代替思考。**大多数人都太冷漠或懒惰，他们不愿意搜集事实来帮助思考。他们更愿意通过猜测或者是创造主观的“意见”来采取行动。

30. **缺乏资金。**这是那些第一次尝试经营的人最常见的失败原因。他们没有充足的资金储备，以至于他们没办法承担错误的成本，而且信誉受到了损害。

除了以上 30 条原因之外，还有一些没被列入其中的其他的特别原因。

通过分析导致失败的 30 个原因，我们发现人生的悲剧几乎都是由此而产生的，几乎所有尝试过却失败了的人都能在其中找到原因。如果你能找到一个了解你的人，帮你对照这 30 个名目来一一比较，分析你是否有这些导致失败的特质，那对你将会是大有裨益的。如果你自己进行这样的比较，那也会有帮助。但是大部分人看待自己没有别人看待自己那么透彻。不过，你可能会是一个例外。

有一句古老的告诫："认识你自己！"如果你想要成功地销售商品，你必须清楚了解商品。在推销个人服务的时候，同样也是如此。你需要知道自己所有的弱点，那样你才能够弥补或者完全消除它们。你应该知道你的优势，这样在出售自己的个人服务时，你才能够让别人注意到它。只有通过准确的分析，你才能够了解自己。

下面这个年轻男子的故事就很好地展示了对于自我的无知所造成的愚蠢后果。他去应聘一家知名企业的经理职位。在人事经理开口问他期望的薪水是多少之前，他的面试表现一直很优秀。当被问到这个问题的时候，他说自己并没有明确的期望值（这说明他缺乏一个明确的目标）。人事经理接着说："那公司会在试用你一个星期之后，按照你的实际能力来支付你的薪水。"

"我不能接受这样的提议，"应聘者回答道，"因为我现在的工作能够提供给我比这更多的薪水。"

在你开始在现有的工作职位上为职级和工资的调整进行谈判，或者到别处找工作之前，你要确保的是，你所得到的报酬要超过现在能够得到的。

想要钱是一回事——每个人都希望得到更多的报酬——但你是否值更多则完全是另一回事！你的经济需求或者渴望和你的自身价值并没有关系。**你的价值完全取决于你提供服务的能力或者是你引导他人提供服务的能力。**

应该问自己的 28 个问题

就像清点年度库存对商品销售很重要一样，对有效地推销个人服务来说，年度自我分析是非常重要的。而且，每年的分析应该体现为缺点的减少和进步的增加。一个人是前进了，还是原地踏步，或者是退步了，都需要分析。年度自我分析应当揭示一年以来取得了怎样的成就，取得了多少这样的成就，还应当揭示一年以来是否退步了。个人服务的高效推销需要一个人一直向前走，即使前进的过程比较缓慢。

你的年度自我分析应该在每年的年底进行，这样你就可以在新的一年中，根据分析出来的结果，下定决心，找出所有需要改善的方面。通过问自己以下问题，你就可以认清自己，而且，你可以找一个对你要求严格的人来帮助你完成自我分析，他不会允许你自我欺骗，蒙混过关。

自我分析问卷

1. 我实现今年制订的目标了吗？（应该制订一个明确的年度目标作为主要生活目标的一部分。）

2. 我是否为了提供最佳的服务而进行了力所能及的努力？我所提供的服务有没有可以改善的部分？

3. 我是否尽自己最大的努力提供了最多种类的服务？

4. 我在工作中是否一直保持着和谐与合作的精神？

5. 我是否让拖沓的习惯降低了自己的工作效率？多大程度上影响

了工作?

6. 我是否改进了自己的个性?如果有，用的是什么方法?

7. 我是否坚持了自己的计划?

8. 我是否在任何情况下都明确果断地做出了决策?

9. 我有没有允许六种基本恐惧中的任何一种降低自己的效率?

10. 我是不是过分谨慎或者不够谨慎?

11. 我和同事的关系是否愉快?如果不愉快的话，我是否要承担一部分或者全部的责任?

12. 我是不是因为不够专注而浪费了时间?

13. 我是否以宽广包容的胸怀面对所有问题?

14. 我以什么方式提高了服务的能力?

15. 我是否放纵了任何一种习惯?

16. 无论在公开还是私密的场合，我有没有表现出任何形式的自私?

17. 我对待同事的行为能够获得他们的尊重吗?

18. 我的意见和决定是基于猜测还是分析与思考呢?

19. 我是否养成了提前安排时间、预算支出和收入的习惯?在这些方面，我是否保守?

20. 我把多少时间浪费在了无用之事上，而这些时间本来可以被更好地利用?

21. 我应该怎样重新安排时间、改变习惯，确保新的一年工作更有效率?

22. 我是否因为做过对不起良心的事而内疚?

23. 我在哪些方面提供了超出职责的更多种类和更佳质量的服务?

24. 我是否对别人不公平?在哪方面不公平?

25. 如果我的服务对象是自己，那么我对得到的服务满意吗?

26. 我是否在干合适的职业？如果不满意，原因何在？

27. 我的服务对象对我的服务满意吗？如果不满意，为什么？

28. 按照成功的原则，我对自己评价如何？

通过阅读和理解这一章所传达的信息，你现在就可以为出售自己的个人服务来制订一个切实可行的计划。这一章已经明确描述了出售个人服务的每一条原则，包括构建领导力的主要因素，导致领导失败的最常见原因，哪些领域比较容易培养新型领导方式，各行各业失败的主要原因，还有在自我分析当中应该提及的重要问题。

我们已经将这样广泛而详尽的介绍以及准确的信息列了出来，那些需要通过出售自己的个人服务来积累财富的人是非常需要这些信息的。那些失去了自己财富的人，还有那些刚刚开始赚钱的人，他们除了提供自己的个人服务之外，没有其他的方式可以获取财富，因此这些信息是至关重要的。他们需要最实用的信息来展示自己最大的优势，以此来出售自己的个人服务。

本章中的信息对那些渴望在任一领域获得成功的人来说，都将有很大的价值。对那些想要成为企事业主管的人来说，这些信息将会特别有帮助。

完全理解和消化本章所传达的信息，对出售个人服务来说将大有裨益，而且它还能促使人们变得更加具有分析和判断能力。对人事主管、职业经理人以及其他负责选择员工的管理人员来说，这些信息将是无价的。如果你怀疑这种说法，你可以通过回答上文中提到的 28 个自我分析的问题来检验其合理性。即使你不怀疑这一声明的合理性，这样做也是有趣且有帮助的。

积累财富的机会

我们已经分析了致富的原则，接下来，我们自然要问的是："从哪里才能发现有利的机会来利用这些原则呢？"这个问题非常好，现在就让我们来盘点一下，这个国家提供了哪些致富的机会给或伟大或渺小的人。

在开始盘点之前，需要记住的是，我们所有人都生活在这样一个国家，在这个国度，每一个公民都享有思想和行动的无限自由，这种自由在世界上其他的任何地方都无法享受到。我们大多数人却没有很好地利用这种自由的资源。我们从来没有将自己所享受的无限制的自由和其他国家被剥夺的自由相比较。

在这里，我们有思想的自由，有选择和享受教育的自由，有宗教信仰的自由，有政治自由，有选择职业、专业的自由，有不受干扰地积累财富的自由，我们可以积累所有类型的财富。我们还有选择居所的自由，婚姻的自由，所有种族机会均等的自由，从一个州迁往另一个州的自由，还有在人生中沿着自己设定的方向前进的自由。即使你所设定的方向是成为美国的总统，你也可以这样做。

我们还有其他形式的自由，但以上这些已经代表其中最重要的一部分，它能够构成最高级和最全面的自由图景。美国是唯一一个这样的国家，它保证每一个公民，无论是本土出生的还是后来加入的，都能够享受如此广泛和多样的自由权利。

接下来就让我们看看，这广泛的自由到底给我们带来了哪些能够享用的福利吧。就以普通的美国家庭为例（指的是处于平均收入水平的家庭），来总结一下这片富足的大地给每一个家庭成员都带来了哪些机遇吧！

1. **食物。**人类获得行动和思想的自由后，紧接着需要考虑的就是食物、住所和衣服，这是生活的三个基本必需品。

因为我们所享有的普遍自由，普通的美国家庭可以拥有对食物的选择权利，这些食物的选择范围比世界上其他任何地区都要广，而且价格也在普通家庭可以承受的范围之内。

2. **住所。**一个普通的美国家庭，会住在一个舒适的公寓里，供暖依靠蒸汽，照明依靠电力，做饭则是用煤气，所有能源的使用都是合理的比例。

他们早上吃的吐司是用烤面包机烤出来的，公寓的清洁则是靠电力运行的吸尘器来进行的。无论是在厨房还是卫生间，任何时候都可以享用到冷热水。食品可以在由电力运行的冰箱里保持新鲜的状态。妻子用卷发棒卷头发，用洗衣机洗衣服，用电熨斗熨烫衣服。这些都是极其容易操作的小电器，只需要把它们的开关插在墙上的插座里就可以开始使用。丈夫用电动剃须刀刮胡子。在一天 24 小时之内，只要他们愿意，他们就能打开电视收看世界各地的娱乐节目。

在他们居住的这套公寓里还有其他的舒适和便利的享受，不过仅仅是如上描述就已经足够证明，这个国家已经给予了生活在其中的公民足够的自由和公平，这已经是铁证了。（这既不是政治也不是经济的宣传。）

3. **衣服。**在美国的任何一个地方，男人和女人们都能满足自己对服装的需求，而且价格一定是在普通家庭可以承受的范围之内，还能穿得很舒服。

上面，我们已经提到了食物、住所和衣服这三个生活的基本必需品。

一般的美国公民都可以获得不错的收入和其他福利，而且每天的劳动时间绝对不会超过 8 个小时。其中一项福利就是交通工具方面的，一个人只需付出极少的代价就可以随意地来去任何地方。

提供所有这些便利的奇迹

我没有任何私心，也不需要赢得任何人的支持，更不需要别有用心地来做这件事，所以我能够分析，究竟是什么带给了美国公民如此多的福利。这个原因还赋予美国公民更多积累财富的机会、更多性质的自由，比世界上其他任何国家都要多得多。

我之所以能够分析这种自由的来源和性质，是因为我对这一力量有着深刻的认识，并且我认识很多拥有这一力量的人。我和他们相识的时间已经超过了 25 年，他们之中有很多人现在负责维护着这种力量。

赋予人类自由的神秘恩人就是资本！

资本并不仅仅包括钱，还包括高度组织化的一群拥有特别智慧的人。这些人为了公众的利益，需要对运用金钱的方式和方法制订有效的计划，当然这也能为他们自己带来好处。

这样有组织的团体包括科学家、教育家、化学家、发明家、公共关系专家、交通专家、会计师、律师、医生以及在工商业各个领域内拥有高度专业化知识的人。他们在新的领域内不断进行着先锋的实验，通过自己的努力为人类开拓道路。他们支持开办医院、公立学校，修建了良好的道路，承担了政府支出的大部分成本，而且关注到了很多和人类进步息息相关的细节。简单说来，资本家就是文明的发源，因为他们提供了教育的机会，启发和组成了人类进步所需要的一切文明。

如果金钱没有被智慧的头脑加以运用，其实是很危险的。如果金钱被恰当使用，它对文明来说就是最重要的构成因素。对一个纽约的家庭来说，一顿简单的早餐包括一杯果汁、麦片、鸡蛋、面包、黄油，还有茶与糖。但是如果经过组织的资本没有办法提供机械、船舶、铁路和大量经过培训的人才来操作它们，这样一顿早餐就没有办法以合理的价格提供给大众。

如果你无法理解经过组织的资本的重要性，那么你只需要花一点点时间想象一下，如果没有资本的帮助，单凭一个人，你要怎样才能提供给一个纽约的家庭这样一顿简单的早餐？或许你就明白了。

为了供应一杯茶，你需要去中国和印度，从美国出发的话两地都是一段漫长的旅程。除非你是一个非常优秀的游泳运动员，否则往返的行程都会让你非常疲倦。然后，同样，另一个问题又出现了。即使你有体力和耐力能够横渡大洋，你要怎样用钱来采购呢？

为了供应早餐的糖，你将不得不游上另外一段很长的旅程，去到加勒比海周围岛屿上的国家，或者是走一段很长的路到盛产甜菜的犹他州。但即便如此，你也可能会空手而回，拿不到需要的糖，因为制造糖需要有组织的劳动力和金钱，更别提糖还需要提纯，还有运输到美国任何一个地方的早餐餐桌上这个问题了。

鸡蛋，你可以很容易就从纽约市附近的郊区得到很多。但是你需要走很长一段路往返于佛罗里达州，才可以提供给一个家庭两杯葡萄柚汁。

当你需要提供四片全麦面包的时候，你还有一段很长的路要走，需要去美国国内的堪萨斯州或者其他小麦种植国家。

谷物都必须从菜单中删掉，因为如果没有训练有素的人和合适的机器，是无法获得谷物的，而这些都需要靠资本才能获得。

当你想要休息的时候，你还要游上一小段到南美洲，在那里你可以摘到几根香蕉。在你返回的时候，你还可以顺道去最近的农场，在那里找到一些牛奶和黄油、奶油。然后，纽约市的一家人才可以坐下来，准备享用早餐。

这听来似乎很荒谬，是吗？好了，如果我们没有资本主义制度，上面所描述的过程已经是将这些食物运送到城市中心的最简单的方法了。

蒸汽轮船和铁路都不是一下子就从地球上冒出来，而且还能自动运行的，它们的出现都是响应了文明的号召。通过有想象力，诚信，热忱，有毅力，有决心，有组织的人类的劳动，它们得以被创造出来。而这样的人就被称为资本家。驱使他们行动的愿望就是创造、实现、提供有用的服务给大众，然后从中赚取利润和积累财富。如果他们没有提供这些服务，那文明就无从产生，也正因为他们提供了服务，他们自己也获得了巨大的财富。

为了让我的阐述尽量简单且易懂，我还要补充一点，这些资本家和我们听说过的街头演讲中所描述的“资本家”，是完全相同的一群人。激进分子、敲诈者、不诚实的政客和劳工领袖都习惯于将他们称作“利益的掠夺者”或者“华尔街分子”。

我并非试图对任何一群人或者任何一个经济系统表示简单的赞成或反对。当我说到“劳工领袖”的时候，我也不是在试图谴责集体谈判。我也不是在为所有被称为资本家的人提供辩护。

这本书的目的——个目的也是我坚持了超过 25 年的一个原则——是给所有想要这些信息的人最可靠的经营理念，他们依靠这样的理念可以在任何领域积累到任何数额的金钱，实现自己的愿望。

我在这里要分析一下资本主义制度呈现的双重经济优势：

1. 所有寻求财富的人都必须让自己适应这个控制了所有财富通道

的系统，无论系统大小；

2. 别有用心的政治家和煽动者会通过自己提出的例证来刻意蒙蔽大众，让他们以为资本是一种毒药，但是资本家需要提供相反的例证来推翻他们的阴谋。

这是一个资本主义国家，它是通过利用资本得到发展的，我们这些声称自己享受到了自由和机遇的人，我们这些在这个国家寻求致富的人应该知道的是，如果有组织的资本没有提供这些好处的话，我们是不可能获得这些机会、福利或者是财富的。

如果你也和某些人一样，相信将一群人组织起来，就能够以比较少的代价换取到更多的服务，如果你也希望政府不会干预到你的财产自由，如果你认为自己应该投票给一些政客来获得保护自己财产的权利和法律规定，那么，你可以保有这些信仰，因为没有人会干扰你。这是一个自由的国度，每个人都能以自己乐意和舒服的方式来思考。在这个国家，有一些人只需要付出很少的努力就能够生活得不错，其中很多人甚至没有工作也能生活得很好。

然而，你应该知道关于自由的一个真相。这么多的人鼓吹自由，但是很少有人知道这个真相：尽管自由非常伟大，而且可以到达非常深远的程度，可以提供尽可能多的便利，但是，这并不意味着，拥有了自由就可以不劳而获，不通过努力就能收获财富。

对想要积累并且合法持有财富的人来说，只有一个可靠的办法，那就是提供有用的服务。人们没有办法仅仅是组成一个团体，而不用提供某种具有价值的服务就可以获得财富，这样的系统还没有被创造出来。

有一个原则，被称为经济法则。这不仅仅是一种理论，而是一条任何人都无法打败的法则。

你需要好好记住这个原则的名字，因为它比所有的政治家和政治机构的力量都要强大。它不受任何工会的控制。它不能被动摇，也不会被影响，更不会受到任何敲诈者或者故步自封的领导的控制。此外，它有一个开阔的视野，还有完美的记账系统，这个系统能够精准记录参与其中每一次交易的个人。这个系统定期会有监察者，他们会翻看其中的记录，找到关于每个人或大或小的贡献的记录，并且会进行核实。

“华尔街”“大企业”“资本掠夺性利益”，无论你选择用哪一种方式来命名提供给美国人自由的这个系统，它都代表了一群人，这群人理解、尊重而且让自己适应了经济法则！他们之所以能够让自己的企业持续运转、获得经济利益，就是因为他们尊重这个法则。

大多数生活在美国的人都喜欢这个国家，包括它的资本主义制度和其他一切。我必须承认，我不知道除了美国是否还有更好的国家，一个人可以在那里发现更多的致富机会。但是，确实有一些人生活在美国却不太喜欢它，这可以从他们的所作所为看出来。不喜欢当然也是他们的权利。如果他们不喜欢这个国家，不喜欢它的资本主义制度，不喜欢其中蕴藏的无限机会，他们也有权利不接受这些！

对任何一个诚实的人而言，都需要这样一个环境，美国能为他提供所有的自由和机会来积累财富。当一个人要打猎的时候，他当然会选择一个猎物丰富的场地。当一个人在寻求财富的时候，同样要遵循这样的原则。

如果你正在追求的就是财富，那么，就不要忽略这样一个国家所能提供的可能性。在这里，一个女人可能每年会花费数百万美元在唇膏、腮红等各种化妆品上面。在这个国家，它的公民一年会花费数百万美元来购买奢侈品，而其他很多国家的人民只能想想而已。所以如果你正在寻求财富的话，在破坏这样的国家制度之前，一定要三思而后行。

还要记住，对积累财富的渠道来说，这些只是刚刚开始，上面仅仅提到了一部分奢侈品和非生活必需品。但是，要知道的是，生产、运输和销售这些为数不多的商品，就能给几百万人提供稳定的工作。他们在这些行业得到了出售自己个人服务的机会，并且能够得到丰厚的回报，然后他们就可以自由地购买奢侈品和非生活必需品。

特别要记住的是，在这些商品和个人服务交换的背后，其实蕴藏着丰富的致富机会。在这方面，美国式的自由能够提供帮助。没有什么事可以阻止你，你可以找到任何人来帮助你一起努力，来经营自己的事业。如果一个人拥有较为出众的天赋，训练有素，经验丰富，那么他就可以获得大量的财富。有一些不那么幸运的人也能够获得少量财富。每个人只需要付出平均的劳动，就可以赚取足够的生活费。

所以，机会就在你眼前！

机会已经来到了你的面前。勇敢地走向前吧，选择你想要的东西，创造你的计划，把计划付诸行动，并持久地贯彻自己的计划。资本主义的美国将为你做剩下的事情。这个高度资本主义的国家，确保每个人都有提供服务的机会，并且按照他们服务的价值来得到相应比例的财富。

制度体系不会剥夺任何人的这种权利，但是它不会也不能允许任何不劳而获的存在。经济学定律本身会不可避免地控制这个体系，既不承认也不容许不劳而获。

经济学定律是自然而然地发挥作用的！不需要一个最高法院依据这个法则来审判任何人的申诉。这个法则会对违反的人做出惩罚，也会给遵守的人以适当奖励，不存在任何人为干预的可能性。这一法则不可能被废除。它就和天上的恒星一样，会永远存在，并且同样受到控制恒星的系统的主宰。

会不会有人拒绝让自己适应经济学定律呢？

当然有！这是一个自由的国家，所有人都享有生来平等的权利，包括忽视经济学定律的权利。如果真的发生了这样的事情，之后会怎样呢？

会有大量的人聚集起来，联手反对经济学定律，并且依靠武力来夺取他们想要的东西。然后就会产生一个大独裁者，还有经过训练的行刑队和武器！

在美国，我们目前还没有到达这个阶段。但是，我们已经完全了解，这个系统是如何运转的。也许我们应该庆幸的是，不需要所有人都认识到这个现实。毫无疑问，我们将非常乐意继续享有言论自由、契约自由以及提供有用的服务来换取财富的自由。

这些观察不是通过短时间内的经验得出的。在花费了 25 年的时间，研究了所有美国已知的最成功和最失败的人之后，我运用详细的研究方法得出了这样的经验。

第　八　章

致富第7步——决心：战胜拖延症

生活中各行各业的领导者都会迅速并且坚定地做出决定，这是他们能够成为领导者的主要原因。对那些通过言行表明知道自己要去往什么方向的人，世界会习惯地为他们开路。

行动才是最管用的

一项针对 2.5 万名经历过失败的男性和女性的研究揭示了这样一个事实：在导致失败的 30 个主要原因中，缺乏决心几乎可以排在第一位。这不仅仅是单纯的理论阐述，这是一个事实。

拖延——决心的对立面，几乎是每个人都必须战胜的共同敌人。

当你读完这本书的时候，你将得到一个机会来测试自己是否具备能够迅速且肯定地做出决策的能力，而且会准备将本书中所描述的原则付诸实际行动。我分析过几百个已经累积财富超过百万美元的人，结果发现了一个事实，那就是这些人都能够快速地做出恰当的决策，在情况发生了变化的时候，他们也会谨慎地改变自己的决定。而那些没能发财致富的人，他们毫无意外地都对做决定这件事犹豫不决，并且保持着朝令夕改的习惯。

亨利·福特拥有的最优秀品质之一就是快速和坚定的决策能力，并且对改变自己的决定非常谨慎。这种品质在福特身上非常明显，以至于帮他赢得了“固执”的评价。正是因为这种品质，当所有的顾问和众多买主都劝他对车型做出改变时，福特先生依然坚持继续生产著名的福特 T 型车（世界上最丑陋的汽车）。

也许，福特先生做出改变的决定太慢，拖延了很久，但这个故事的另一面是，在 T 型车的车型有必要做出改变前，福特先生对这个决定的坚持已经给他带来了巨大的财富。毫无疑问，福特先生对决定的坚持也包含一定的固执成分，但是这种品质总好过那种做决定缓慢，而更改决定很迅速的品质。

很多人没有积累到满足自己需求的财富，通常情况下，都是因为他们很容易被别人的“意见”影响。他们允许报纸上和邻居们的“闲聊”来替代自己的思考。“意见”是这个地球上最廉价的商品。每个人都有很多意见，随时可以提供给任何愿意接受他们意见的人。当你做出决定的时候，如果轻易被这样的“意见”影响，那么你不会在任何事情上获得成功，当然也就不可能实现你想要将自己的愿望变成金钱的梦想。

当你想要将本书中所描述的原则付诸实践时，你需要保持自己的看法，你需要做出自己的决定，而且要坚持按照决定行动。不要让任何人影响到你的自信，除非这个人是你的智囊团成员。所以当你在为智囊团挑选成员时，你需要确认自己的选择，保证你所选择的都是完全认同和跟随你决定的人。

亲密的朋友和亲人，虽然他们并不是故意这样做，但他们往往会通过表达自己的“意见”或嘲笑来阻碍你，有时候是为了增加一点儿幽默感。成千上万的人都带着自卑感走完了自己的一生，因为有些充满善意但无知的人通过表达“意见”或者嘲笑打击了他们的信心。

你拥有属于自己的大脑和心灵。你应该开动它们，然后做出自己的决定。可能在很多情况下，你需要其他人提供的事实或信息来帮助你做出决定，你可以不动声色地获得这些事实或者是所需的消息，但是不要透露你的目的。

有些人只懂得一些知识的皮毛和表面，却喜欢给别人造成一种印象，就是他们懂得很多知识，这是一种性格特点。这种人一般只会动动嘴皮子，但是他们能做的太少。**如果你想要培养当机立断的习惯，那就需要睁大自己的眼睛，竖起自己的耳朵，嘴巴却要紧紧闭起来。**那些滔滔不绝的人不太会做一些实际的事情。如果你说的话比你听到的要多，你不仅剥夺了自己积累有用知识的机会，而且你也将自己的计划和目的透露给了那些虎视眈眈、想要击败你的人，因为他们嫉妒你。

你还要记住，当你面对一群学识丰富的人，如果你夸夸其谈的话，那么你就是在向这些人展示，你到底是真的有才华，还是只是动动嘴皮子。通常，**真正的智慧是通过谦虚和沉默展示出来的。**

请记住一个事实，你身边的每个人都和你一样，在试图找到积累财富的机会。如果你太随意地谈论自己的计划，当你发现有人利用你随口说出的计划，比你更快采取行动取得成功打败了你时，惊讶之余，你会后悔莫及。

你所需要做出的第一个决定就是，闭上你的嘴，竖起你的耳朵，睁开你的眼睛。

因为你需要提醒自己遵从这个建议，如果你能把以下这句话写下来，并且放在每天都能看到的地方，将会有所帮助。这句话就是——**“先做后说”**。

这句话的意思就相当于“行动，而不是语言，才是最管用的”。

一个关于自由或死亡的决定

决心的价值取决于做出决策的勇气。伟大的能够影响文明的基础决定，通常都是冒着极大的风险做出的，而这风险往往意味着付出生命的代价。

林肯发表了著名的《解放宣言》，给一直被奴役的美国人民带来了自由。当做出这个决定时，他已经充分考虑过自己的行动会让成千上万的朋友和政治支持者变成他的敌人和反对者。他也知道，执行这个宣言的决定，意味着在战场上要死亡数千人。最后，它还让林肯付出了生命的代价。这需要勇气。

苏格拉底为了捍卫自己的信仰，做出了喝下一杯毒药的决定，这是一个充满勇气的决定。他的这一决定让整个文明的进程提前了 1000 多年，并且赋予当时还没有出生的人们言论和思想自由的权利。

当决定与联邦诀别加入南方军队时，罗伯特・李将军也做出了一个勇敢的决定，因为他十分清楚，这个决定可能会让自己付出生命的代价，而且，也会让其他人付出生命的代价。

但是，对任何一个美国公民而言，历史上最伟大的一个决定是在 1776 年 7 月 4 日的费城，56 个人在同一份文件上签下自己的名字时做出的。他们知道，这份文件将会给所有美国人带来自由，否则就会让这 56 个人被送上绞刑架。

这份著名的文件你不会陌生，不过从这个故事中，你可能还没有领悟到一些重大的意义，它其实非常明了地传授了伟大的一课。

我们都记得这个重大决定的日期，但我们很少意识到做出这个决定究竟需要什么样的勇气。我们记得美国的历史，因为在学校都被教授过；我们记得具体的日期，还有敌人的名字；我们记得福吉谷和约克镇；我们还记得乔治・华盛顿和康沃利斯勋爵。但是我们却不知道，深藏在这些名字背后的力量。我们对于这一无形的力量一无所知，但就是这样的力量，在华盛顿的军队到达约克镇之前，就已经给予了美国人民自由的火种。

我们学习美国革命的历史，并且错误地以为乔治・华盛顿是建国之父。在历史书中，是他带领军队为我们赢得了自由，但华盛顿只是其中的配角。这是因为，在康沃利斯勋爵投降之前，华盛顿的军队就已经明确无疑地会取得胜利。这样说，不是为了抢夺任何原本属于华盛顿的荣耀，而是让人们更加重视那种真正让人取得胜利的惊人力量。

这是不折不扣的悲剧，因为所有历史学家都忽视了哪怕是一丁点儿关于这种不可抗拒力量的迹象，但就是这种力量催生了自由，注定会为地球上所有的民族设立关于独立的新标准。我之所以说这是一个悲剧，是因为这种力量和每一个人超越生活中的困难向生活索要应得的报酬所需的力量，是完全一样的。

让我们简要回顾一下创造这种力量的历史事件。故事起因于波士顿事件。1770 年 3 月 5 日，英国士兵们在街上巡逻，他们的出现就是为了公开地威胁公民。殖民地的公民对武装人员的出现感到不满，开始公开表达自己的不满，投掷石块，给行军的士兵们起绰号，直到指挥官下令："装上刺刀，冲啊！"

战斗打响了，结果死伤惨重。这一事件引起了很多地方议会（由殖民地的杰出公民组成）的民怨，他们要求召开一场会议来采取明确的行动。议会的两名主要成员是约翰·汉考克和塞缪尔·亚当斯——他们的名字将长留史册！他们勇敢地提出并且坚持认为，这个运动一定要进行，要将所有英国士兵从波士顿赶出去。

请记住这一点，这两人心中的一个决定——也许称为"美国的决定"更合适——是我们现在所享有的自由的开始。请记住，这两个男人的决定叫信仰和勇气，因为做出这样的决定是充满危险的。

在大会休会期间，塞缪尔·亚当斯被派去拜访当地州长哈钦森，并要求英国撤军。

该请求得到了批准，英国军队从波士顿撤走了，但是这一事件并没有就此结束。它已经引发了注定要改变整个文明趋势的局面。奇怪的是，美国解放战争，和其他在历史上引发了巨大变化的战争，往往开始的时候并没有显露出任何征兆。还有一个现象也很有趣，这些重要的变化通常开始于一小群人的头脑中,并且通常是他们做出的一个明确决定。我们中很少有人能够真正看懂美国的这段历史，也很难认识到其实约翰·汉考克、塞缪尔·亚当斯和理查德·亨利·李（弗吉尼亚州）才是美国真正的建国之父。

理查德·亨利·李之所以会成为这个故事当中的一个重要人物，是因为他和塞缪尔·亚当斯经常沟通（以书信方式），毫无保留地分享关于各自所在州府群众所享有的权益以及他们对此的恐惧和希望。通过这样的交流，亚当斯认为，13 个殖民地之间相互通信，可以帮助实现这一努力，可以让大家一起找到解决当前问题的方案，并且可以协调沟通想法。在波士顿惨案发生两年后（1772 年 3 月），亚当斯在大会上向大家介绍了这个想法，殖民地之间需要建立一个通信委员会，在每一个殖民地都任命一个通信员，“为了英属殖民地的福祉和友好合作的目的”。

要记住这件事情！这是给每个人带来自由的力量的开端，当然对我来说也是如此。核心的力量已经开始组织起来，它包括了亚当斯、李和汉考克。通信委员会成立了。注意，这个举动让来自所有殖民地的人都可以加入这个智囊团，为这个组织壮大自己的力量提供了途径。值得注意的是，这个进程是对殖民者不满的人们第一次有组织地规划行动。

联合产生了力量！通过类似波士顿暴乱事件的方式，殖民地的居民已经发动了对英国士兵混乱的战争,但这样的战争没有带来任何好处。他们各自发泄怨气，却没有一个智囊团能将大家的力量团结在一起。没有一个群体能够将所有人的心灵、头脑和身体组织在一起，做出一个明确的决定，要和英国一劳永逸地解决他们的困难。但是，当亚当斯、汉考克和李聚在一起时，这个组织终于出现了。

同时，英国人也没有闲着。他们对自己的领地做了一些规划，他们毕竟在这些地方拥有资金优势，同时还有训练有素的士兵。

英国官方任命盖奇来取代哈钦森成为马萨诸塞州的州长。这位新州长上任后的第一件事就是派使者拜访塞缪尔·亚当斯，想要通过恐吓的方式来阻止亚当斯的行动。

下面是芬顿上校（盖奇派来的使者）和亚当斯之间的对话。通过这段对话，我们就能理解当时的情形。

芬顿上校："亚当斯先生，我要向您保证，我已经得到了州长盖奇的授权，州长有权给予您令人满意的好处（他在努力通过贿赂性质的承诺来赢得亚当斯的屈服），您必须立刻停止现在这一切反对政府的措施。这是州长给您的建议，阁下不要招致陛下的进一步不满。您的行为已经触犯了《亨利八世法案》，依照这个法案，州长有权决定把您送到英国去接受叛国罪的审判，或是接受包庇罪的审判。但是，只要您能改变现在的政治倾向和作为，您不仅能得到可观的个人利益，还能与国王相安无事。"

塞缪尔·亚当斯面临着两个选择。他可以立刻停止对政府的反对行为，接受这种贿赂，也可以继续自己的行动，但是要冒着被绞死的危险！

显然，对亚当斯来说，他已经被逼迫着一定要在那个时候做出决定，而这个决定可能会让他付出生命的代价。大部分人在面临这样的选择时，可能很难做出决定。大多数人可能会给出一个回避的答复，但亚当斯不是这样做的！他坚持要芬顿上校把他的答复原封不动地带给州长先生。

亚当斯是这样回答的："那你可以告诉盖奇州长，我相信我会一如既往地保持和国王陛下的良好关系。我从来没有考虑过会因为个人利益放弃国家的正义事业。我想请你告诉盖奇先生，这也是塞缪尔·亚当斯给他的建议，请他不要再侮辱一个已经愤怒的民族的感情。”

通过这样的回答来评论这个男人的性格似乎没有必要。对收到这个消息的人来说，很明显，说出这些话的人拥有最高的忠诚度。这是很重要的。（诈骗者和不诚实的政客，绝对不会享受到已经去世的亚当斯所享有的荣誉。）

当盖奇州长收到亚当斯充满挑战性的答复时，他勃然大怒，立即发布了公告，上面写着：“在此，以陛下的名义，我承诺，将不追究所有立即放下武器并且回到和平道路上的人的行为，但是对于像塞缪尔·亚当斯和约翰·汉考克这样的人，他们的罪行实在是太过凶残，无论从哪个角度来考量，他们都应该受到惩罚。”

人们可能会用现在常说的一个俚语来形容亚当斯和汉考克的处境，他们已经“身处险境”（on the spot）。州长怒气冲冲的威胁迫使两人达成了另一项同样危险的决定，他们紧急召集自己的坚定追随者进行了一场秘密会议（这个时候智囊团开始发挥作用了）。当所有被通知的人都来到会场后，亚当斯把门锁上了，把钥匙放在了自己的口袋里，并且告诉所有人，成立一个殖民地居民的议会已经势在必行了。成立议会的决定产生之前，任何人都不能离开会场。

在他宣布了这个消息之后，会场的所有人都激动不已。有人衡量了这样的激进主义可能带来的后果（他们是出于恐惧）。有人对此表示严重怀疑，他们不确定公开和官方抗衡的决定是否明智。但是被锁在房间里的汉考克和亚当斯已经无所畏惧，而且从来没有考虑过失败的可能性。在他们的影响下，其他人终于同意，通信委员会将安排召开第一届大陆会议，会议将于 1774 年 9 月 5 日在费城举行。

请记住这个日子。这是一个比 1776 年 7 月 4 日更重要的日子，如果没有当年召开大陆会议的决定，有可能《独立宣言》就不会签署了。

大陆会议召开第一次会议之前，在北美大陆的另一个地方，另一位领导者正在艰难地起草《英属美洲权利概述》，这个人就是托玛斯·杰弗逊。他来自弗吉尼亚州，他和邓莫尔勋爵（代表弗吉尼亚州的官方）的关系，就跟汉考克、亚当斯和州长的关系一样紧张。

在发表了著名的《英属美洲权利概述》之后不久，杰弗逊得知，自己被强大威严的政府以叛国罪起诉了。面对这种威胁，杰弗逊的一个同僚帕特里克·亨利被启发了，他大胆地把脑海中的想法说了出来，其中一句话将是永远的经典："如果这就叫作叛国，那么我宁愿一叛到底！"

正是因为这样的人，他们没有强权，没有地位，没有军事实力，也没有钱，却很严肃地在考虑殖民地的命运，就是靠着这样一群人，第一届大陆会议成功举行了。在时隔两年之后，1776 年 6 月 7 日，理查德·亨利·李站出来，走上主席台提出了令人震惊的一项议案：

"先生们，我现在要发动的这项运动是要联合美洲的殖民地，为享有成为一个自由和独立的国家的权利而努力。这些州应该脱离英国皇室的统治，并且完全脱离与大不列颠的所有政治关系。"

李的惊人议案被热烈地讨论着，讨论的时间过长，以至于他都开始失去耐心。最后，在论证了几天之后，他又一次起身，用清晰坚定的声音宣布："主席先生，几天来我们一直在讨论这个问题，对我们来说，这是唯一可行的方法。那么先生，为什么我们还要一再拖延呢？为什么我们还要商议这个问题呢？让美利坚合众国赶快诞生在这个幸福的日子里吧。让这个国家出现，不是为了要毁灭或者征服，而是要重新建立和平的统治，还有法律。整个欧洲的目光都在盯着我们。其希望美利坚合众国能成为关于自由的一个活生生的例子，这个国家的公民能够获得幸福。在当前的暴政统治不断增强的情况下，这会是令人鼓舞的反例。”

在他的议案终于进入投票环节前，因为家里有人出现了严重的健康问题，李被召回了弗吉尼亚州。但是在离开之前，他将未竟的事业交给了自己的朋友托玛斯·杰弗逊。杰弗逊答应他，一定会坚持战斗，直到令人满意的行动开始。此后不久，大会主席（汉考克）任命杰弗逊为委员会主席，并且让他起草《独立宣言》。

这份文件的拟定对委员会来说是一个漫长而艰难的过程。一旦每个人在这份文件上签下自己的名字，那就意味着签下了生死令，因为随之而来的是殖民地和大英帝国的战争，牺牲在所难免。

这份文件的起草完成了，并于 6 月 28 日大陆会议召开前宣读了这份草案。一连几天大家都在讨论、修改法案，最终准备好了。1776 年 7 月 4 日，托玛斯·杰弗逊在议会建立前，毫不畏惧地宣读了这份最重大的书面决定。

“在人类事务发展的过程中，当一个民族必须解除同另一个民族的联系，并按照自然法则和上帝的旨意，以独立平等的身份立于世界强国之林时，出于对人类舆论的尊重，必须把驱使他们独立的原因予以宣布……”

当杰弗逊读完后，这份文件被付诸表决，并且得到了 56 个人的同意。所有人都在上面写下了自己的名字，做出了这个用生命保证的决定。这个决定不仅仅给人类带来了一个全新的、永恒的国家，而且让决定的力量展露无遗。

就是这样一个依靠精神信仰做出的决定，也只有这样一个决定，人类就可以解决自己的问题，并且为自己赢得最大的物质财富和精神财富。让我们不要忘记这一点！

分析这些导致《独立宣言》诞生的事件，我们有理由相信，现在这个在全世界享有权力和威望的国家，就诞生于这 56 个人组成的智囊团的决定之中。应该特别注意的事实是，正是他们的决定，确保了华盛顿的军队取得成功，因为支撑这个决定的精神已经渗透到每一个参与战争的士兵心中，成为他们心中一种战无不胜的精神动力。

还要注意的是（这点和巨大的个人利益有关），给予这个国家自由的力量，与让每个人成为一个拥有自主决定权的个体，所需要的力量是一样的。这种力量由这本书中描述的原则组成。通过《独立宣言》的故事，不难发现的是，**这种力量至少需要六条原则：愿望、决心、信心、毅力、智囊团、组织规划。**

纵观这一理念你会发现，由强烈愿望支撑的想法都有一种倾向，能够将这个愿望自身转变成同样的现实。从这个故事和美国钢铁公司诞生的故事中，有人可能会发现，想法是如何创造出这种惊人变化的。在继续阅读下面的内容前，我建议你这样做试试看。

在你试图寻找这个想法的秘密时，不要指望能发现一个奇迹，因为你是永远不会发现的。你只会发现自然的永恒规律。这些规律对有信仰和勇气使用它们的人来说，是随手可得的。它们可以给一个民族带来自由，也可以用来积累财富。理解并且使用这些规律，节省下来的时间就是你的财富。

那些能够快速并且肯定地做出决定的人，对于自己想要什么知道得很清楚，并且一般情况下，都能得到它们。**生活中各行各业的领导者都会迅速并且坚定地做出决定，这是他们能够成为领导者的主要原因。对那些通过言行表明知道自己要去往什么方向的人，世界会习惯地为他们开路。**

优柔寡断是一种习惯，通常开始于青少年时期。幼年时期养成的拖拉习惯通常会持续到初中、高中甚至大学毕业。所有教育系统都存在一个主要的缺陷，那就是既不教授也不鼓励学生养成果断决定的习惯。

一个学生如果无法清楚阐述自己进大学的目的，那么大学就不录取这样的学生，这样做其实是有益的。如果在高中的时候，每个学生都能够被迫接受培养决断力的训练，并且被迫在进入学校前参加关于这个课题的满意度调查，其实好处会更多。

现行教育系统的不足，让大部分人养成了犹豫不决的习惯，而且会一直伴随他们到选择职业的时候（当然，如果他真的选择了自己职业的话）。一般来说，刚刚走出校门的年轻人，能找到什么职业就会选择什么职业。他们通常会选择自己找到的第一份职业，因为他们已经陷入了犹豫不决的习惯。98% 的人之所以会一直在现在的工作岗位上，为了一份工资留下来，是因为他们缺乏明确的决定，不能为自己规划一个确定的位置，而且他们也不知道该如何选择自己的雇主。

果断的决策总是需要勇气的，有时需要巨大的勇气。签署了独立宣言的 56 个人就是把他们的生命都押在了那个决定上，他们通过在文件上签署自己的名字做出了选择。那些明确决定寻求某项具体职业的人，希望从生活中获得想要的回报，他们不会用生命作为这个决定的赌注，他们的赌注是经济上的自由。经济上的自立、财富、理想的事业和专业地位，对那些不重视它们或不去期待、规划或要求它们的人来说，是不会唾手可得的。如果你用塞缪尔·亚当斯渴望殖民地获得自由的那种精神来追求财富，那么一定会发财致富。

让我们继续来看一个现代的例子，它能够展示做出决定时的勇气。这个故事是关于联邦快递（FedEx）创始人弗雷德·史密斯的。

当史密斯在耶鲁大学经济学系学习的时候，他的教授指出，航空货运是未来的潮流，并将成为未来航空公司收入的主要来源。

史密斯为此写了一篇论文，对这个观点表示不认同。他的理由是，目前航空公司主要的航线是客运航线，如果用于货运的话，是不适合的。他指出，由于成本不会随着运送量的增加而下降，空运想要赢利的话，只有通过一个全新的系统，将货物送达大城市的同时，也能送达比较小的城市，而且这个系统必须是为运输包裹而设计的，而不是为运送人而设计的。教授认为这种观点是完全不可行的，因此他给史密斯的论文打了低分。

史密斯的想法是创建一个全新的货运航空系统，航班主要是在机场已经不拥挤的夜晚飞行。当运送的速度比运送的成本更重要的时候，它将运送小的、优先级高的包裹。它将集中所有的包裹到一个中心点（他选择了自己的家乡——孟菲斯），在那里，通过特殊设计的计算机程序，所有的包裹将被分类排序、分散并且被装载到飞机上运送到最终目的地。通过整合所有出货量较小的城市，能够让公司的运送航线遍布全美国各个城市，并且最终遍布全世界。史密斯认为，风险投资家会对这个充满创意的想法感到兴奋，并且充满兴趣。但让他惊讶的是，投资家们对这个想法几乎没有任何兴趣。

这并没有阻止史密斯。出于对这个项目的热情，还有对自己信念的坚持，他筹集到了 9100 万美元，用于实践自己这个未经测试的想法。

到了这个时候，野心勃勃的航空公司意识到，史密斯正在做的事情将是对其行业的潜在威胁。各大航空公司试图通过游说民用航空委员会拒绝授予史密斯必要的权利，来阻止这种新的竞争。史密斯的研究小组发现了一个法律上的漏洞可以避免拒绝授权带来的阻碍。法律规定，飞机承载 7500 磅以下的有效载荷并不需要 CAB（民用航空委员会）的许可来进行操作。

史密斯说干就干，开始组装小型喷气飞机。与此同时，他在孟菲斯开始建造主要设施，维修 75 个机场。他的设想是，联邦快递将在全美国各地的机场接收包裹，并且将它们运送到孟菲斯，在那里它们将被分类整理出来，并且立即重装，送到其他城市。一旦卸载，联邦快递的卡车会把这些货物送到各自的目的地。史密斯设定了一个目标，他希望所有的包裹在接收 24 小时之内被送到目的地——而这一目标几乎实现了。

尽管这家公司付出了艰辛的工作和努力，但在最初几年，公司的财政报表简直是灾难，损失高达数百万美元。所有的投资者都对公司的未来表示严重关切，公司的发展势头远远低于史密斯的预测。

尽管遭受了损失——公司的投资者因此指责史密斯甚至扬言要解除他的职位找其他人接管公司——但史密斯并没有丧失信心，他的决心从来没有动摇过。他聘请了很多专家（组建了自己的智囊团），并夜以继日地督促他们来解决操作问题。在他的努力下，联邦快递公司在下一年的收入达到了 7500 万美元，利润则达到了 360 万美元。

尽管传真让联邦快递运送信件和文件的服务失去了价值，而且公司还面临来自其他航空公司的竞争，包括以更低的价格提供夜间运输的美国邮政服务，史密斯还是通过自己不断的创新和贡献，使得联邦快递公司一直保持着行业内第一的地位。

在组织策划那一章，你会得到关于推销各种类型个人服务的完整说明。你还会得到关于如何选择自己更喜欢的雇主，还有自己想要职位的详细信息。但是，如果你没有办法下定决心将这些组织成完整的行动计划，那这些说明于你而言将毫无用处。

第　九　章

致富第8步——毅力：不懈是信心的源泉

是什么神秘的力量能够让充满毅力的人们克服一切困难呢？人们所拥有的毅力，是不是在心中形成了某种形式的精神、心灵或者化学活动，让人们能够获得超自然的力量呢？即使战斗已经失败，整个世界都已经向对手倾斜，那些仍然坚持的人会不会有无穷的智慧不断地涌入他们的头脑中呢？

毅力的重要性

将愿望转换成金钱的过程中，不可或缺的重要因素就是毅力。**毅力的基础是意志的力量。**

意志的力量如果和愿望适当地结合在一起，就会产生不可抗拒的力量。那些积累了巨大财富的人一般会被看作冷血的人，有时候是无情的人。他们常常被人误解。其实他们拥有的就是意志的力量，并且与毅力融合在一起，然后将其作用于自己的愿望，来确保能够实现他们的目标。

亨利·福特已经被大众误解为无情和冷血的人。之所以会造成这种误解，是因为福特总是习惯于充满毅力地遵循自己所有的计划。

大多数人在碰到挫折或者不幸时，就会把自己的目标和宗旨抛弃到一边，很快放弃。只有很少的人会顶住所有的压力，一直坚持到实现自己的目标为止。而福特、卡内基、洛克菲勒和爱迪生就是这样的少数人。

关于"毅力"，可能没有什么超乎寻常的词语可以形容，但是这种品质对于一个人的性格，就像碳素之于钢铁一样。

如果想要积累财富，一般都会涉及全部13条原则的应用。这些原则必须被理解，所有想要积累财富的人都必须依靠毅力来应用它们。

如果你读这本书的目的是应用其中所传递的知识，那么当你开始照着第二章中所描述的六个步骤来做的时候，对于你是否有毅力的第一次测验也就开始了。除非你是100个人当中少有的两个人，对自己想要得到什么已经有了明确的目标，而且对如何达成目标有明确的计划，否则你要牢记这些指示，然后在你的日常生活中遵循它们，不要违背。

这样做的目的其实是要检验你是否有毅力。因为很多人都是因为缺乏毅力才会经历失败。此外，成千上万人的经验已经证明，缺乏毅力是大多数人常见的弱点，但它是可以通过努力加以克服的。能否克服和消除这个弱点，完全取决于一个人的愿望有多强烈。

所有成就的起点就是愿望，让它不断在心中燃烧吧。微弱的愿望只能带来微弱的结果，正如微弱的火光只能带来一点儿温暖一样。如果你发现自己缺乏毅力，那么这个缺点可以通过增强自己的愿望来弥补。

将这本书读完之后，你可以回到第二章的内容，并且立即开始执行六个步骤所要求的指示。你遵循这些原则的急迫性能够清楚地显示，你积累财富的愿望究竟是强烈还是微弱。如果你发现自己对照着这些指示来做并不感兴趣，那么可以肯定的是，你还没有获得必须具备的“金钱意识”，在这之前，你是无法积累到财富的。

财富只会涌向那些已经在头脑中准备好吸引它的人，就像水肯定会流向大海一样。在这本书中你可以找到所有必要的刺激，以“调和”任何正常的心态，这将吸引一个人将愿望的目标变成现实。

如果你发现自己是一个缺乏毅力的人，那么就集中你的注意力，遵循第十章中所包含的指示。让自己置身于一个智囊团中，通过成员的合作和努力，你就可以培养出毅力。“自我暗示”和“潜意识”这两章也讲到了培养毅力的方法。按照这些方法去做，直到你的习惯能把你愿望目标的清晰图像传达给潜意识。做到这一点后，你就再也不会受到缺乏毅力的困扰了。

无论你是睡着，还是醒着，潜意识都在一刻不停地发挥作用。

如果你只是断断续续或者心血来潮地应用这些原则，那么这对你来说毫无价值。为了得到想要的结果，你必须遵循所有的原则，直到它们成为你的固定习惯。除了这个，没有任何其他方法可以帮助你养成必要的金钱意识。

通过同样的法则，贫穷钟情于那些安于贫穷的人，而财富则会垂青于那些张开双臂欢迎它的人。贫困意识会主动抓住那些没有被金钱意识占用的头脑。贫穷意识的产生和培养不需要有意识地培养习惯。而金钱意识则必须刻意地培养，除非一个人天生就有这样的意识。

充分理解上一段话的重要性，你就会明白在财富的积累过程中，毅力的重要性。如果没有毅力的话，在开始之前，你就会被打败。凭借着毅力的支持，你才会获得胜利。

如果你曾经经历了一场噩梦，你会发现毅力的价值。你躺在床上，于半梦半醒间体会到一种将要窒息的感觉。你没办法翻身，或者是动一动身体各部位的肌肉。你意识到你必须重新获得对肌肉的控制。通过意志力的不懈努力，你终于能够移动一只手的手指。随着继续移动你的手指，你开始将你的活动范围扩大到整只手臂的肌肉，直到你能够举起它。然后通过同样的方式，你获得了对另一只手臂的控制。终于，你能够控制其中一条腿的肌肉，然后将其延伸到另一条腿。然后，通过意志的强大作用，你终于能够完全控制全部的肌肉系统，走出了噩梦。奇迹就这样一步一步产生了。

你可能会发现，走出自己的思想惰性需要同样的步骤。一开始是慢慢地移动，然后加快速度，直到你能够完全控制自己的意志。无论一开始启动得有多慢，你都一定要坚持。只有凭借着毅力，你才能够获得成功。

如果你精心挑选了自己的智囊团小组，你需要注意，其中至少需要有一个人来帮助你培养毅力。有一些积累了巨大财富的人就是这样做的，因为这很有必要。他们之所以能养成有毅力的习惯，是因为他们受环境的驱使，必须变得坚忍不拔。

没有什么可以代替毅力！它不能被其他任何品质取代！记住这一点，当最开始事情看似进展得困难和缓慢时，毅力能够让你感到振奋。

那些养成坚持习惯的人，好像上了失败保险。无论被击败过多少次，他们最终都会攀登到梯子的最顶端。有时候似乎有一个隐藏起来的神，他的责任就是为了考验人们能不能承受各种各样令人沮丧的经历。被打败之后还能站起来的人会不断尝试前进，整个世界似乎都在为他们呐喊："好极了！我知道你可以做到！"如果没有通过关于毅力的考验，隐藏的神就会让人们享受到伟大的成就。那些无法通过考验的人，根本就没有资格获得成就。

那些顺利通过考验的人会因为自己的毅力而得到丰厚的奖励。作为报酬，无论他们追求的目标是什么，他们最终都会得到。这还不是全部。除了物质奖励之外，他们还能够收获更重要的东西，也就是这样的信念——"每一次失败都能够播种下一次成功的种子"。

少数人能够从自身的经验中懂得毅力的重要性。对他们来说，失败只是暂时的，他们的愿望和追求异常执着，最终失败也会转化为成功。如果从旁观者的角度来看，我们就会发现，绝大多数的人遭遇失败后从此一蹶不振。我们也看到，有些人在经历了失败的惩罚之后，将其转化为付出更多努力的冲动。幸运的是，这些人从来没有学会甘心接受生活的逆境。但我们没有看到的是，多数人也不会心存怀疑的，是那种支持人们在挫折面前继续抗争的无声但不可抗拒的力量。这种力量，就是我们所说的毅力。我们所有人都知道一件事，那就是，如果一个人不具备毅力的话，无论在哪个方面，这个人都不会取得显著的成功。

演艺行业是最能够展示坚持的力量的一个领域。来自世界各地的人都会来好莱坞寻求名利、权力、爱情，或者被人类称为成功的任何东西。偶尔有一个人从长长的寻梦者队伍中脱颖而出，全世界都会知道，这个人会开始在好莱坞走红。但是征服好莱坞既不容易也不迅速。它欢迎人才，能发现天才，并让他们得到丰厚的回报。但前提是这些人必须永不言放弃。于是我们可以说，这样的人发现了征服好莱坞的秘诀。秘诀总是与另一个名词紧密相连，那就是“毅力”。

李小龙，将亚洲武术带到美国人的世界。如果不是因为他在成为电影明星的道路上一直坚持，恐怕现在他的名字早就被世人遗忘了。李小龙当年从中国来到美国时，怀揣的仅仅是一个梦想，还有努力工作的决心。在他年轻的时候，他学习并且掌握了武术的技艺，后来，他成为一名武术教练。然而，他真正的目标是成为一名演员。在一些电影和电视节目中，他获得了一些小角色的演出机会。当他得知一部名为《功夫》的电视剧正在寻找演员的时候，他感觉到自己突破的时机来了。当时，这部电视剧的制片方想要找到一名会功夫的演员来当这部戏的主演。

他参加了试镜，表现很成功，期待能够获得这个角色的演出机会，但让他失望的是，最后剧组选中的是另一名演员——大卫·卡拉丁。

遭遇了这次挫折后，李小龙感觉自己似乎看破了红尘，他准备放弃演艺事业，重返教职。当亚裔群体的成员知道这个消息后，都纷纷给他写信，让他不要放弃。他被不断涌来的信惊呆了。不久，不同族裔的影迷都来鼓励他，他终于打定主意继续寻求新的角色，后来在好几部电影中都出演了角色。作为一名演员和武术大师，他的名字开始在世界各地变得家喻户晓，并且，他还把对武术的研究带出了亚洲，获得了整个世界的尊重。

虽然因为脑出血在 32 岁时就去世了，但他的名声却永垂不朽。李小龙这个名字被影迷们纪念和钦佩，其中有很多人在李小龙拍电影的时候都还没有出生。他参演的电视连续剧和早期的电影都被制作成光碟，在世界各地非常流行。

毅力是一种心态，所以是可以培养形成的。像所有的心态一样，毅力的形成有着明确的原因，包括：

1. 目标的明确性。一个人，知道自己需要的是什么是第一步，可能也是培养毅力最重要的一步。这是促使一个人克服很多困难的强大动力。

2. 愿望。在追求实现强烈愿望的过程中，培养毅力并坚持到底相对比较容易。

3. 自信。只有相信自己有能力执行计划，才能够鼓励自己坚持计划。（在“自我暗示”那个章节当中所描述的原则可以用来培养自信。）

4. 计划的明确性。有组织的计划，尽管这些计划不够完善，可能完全不切实际，也可以有助于培养毅力。

5. 正确的知识。如果一个人基于经验或者观察知道自己的计划是合理的，这有助于培养毅力。但是，如果只是猜测，而不是知道，就会破坏人的毅力。

6. 合作。对他人的同情、理解，与他人保持和谐的合作关系有利于培养毅力。

7. 意志力。如果能够将一个人的精力集中在实现一个明确的目标上，这样的习惯能培养出毅力。

8. 习惯。毅力是习惯的直接产物。日常被灌输了些什么，思想就会吸收到什么，并且成为日常经验的一部分。最大的敌人——恐惧，可以通过不断重复勇敢的行为而被战胜。每个亲历过战争的人都会深刻地了解到这一点。

在结束关于毅力的主题的讨论前，你可以审视一下自己，看看自己到底是不是缺少上述这些基本素质。

勇敢地审视自己，逐条核对，看看以上培养毅力的八个要素中缺少的是哪一个。这种分析的过程可能会让你对自己有一个全新的发现和把握。

缺乏毅力的症状

究竟是什么阻挡了你获得真正的成就呢？从这里你将会找到真正的敌人。你不仅能找到反映毅力不足这一问题的症状，还能找到导致这种缺陷根深蒂固的潜意识原因。如果你希望认清自己，了解自己的能力，就要仔细研究下面的清单，诚实地面对自己。对所有渴望积累财富的人来说，必须克服下面这些弱点：

1. 无法认识和清楚、准确地界定自己到底需要什么。

2. 有意识或者无意识地拖延。（拖延的背后通常是一系列强大的托词和借口。）

3. 对获取专业的知识缺乏兴趣。

4. 优柔寡断。在各种场合都习惯于推卸责任，而不是直接面对问题。（优柔寡断的背后一样也有借口。）

5. 在需要解决问题的时候，习惯于给自己找借口，而不是为自己制订一个明确的计划。

6. 自满。这个缺陷几乎没有什么可以克服的方法。而且一个自满的人几乎没有希望获得成功。

7. 缺乏热情。通常它的表现是，一个人在任何场合都准备好了妥协，而不是直面逆境和挑战它。

8. 习惯于将错误归结于他人，或者认为不利的情况是不可避免的。

9. 由于愿望不够强烈，在需要动机促使行动的时候会选择忽视愿望。

10. 当失败展露出一丁点儿迹象时，想要甚至渴望放弃。（由于六个基本恐惧中的一种或者多种。）

11. 缺乏有组织的计划，或者仅仅是把计划列在纸上，而没有去分析它。

12. 当某个机会初露端倪的时候，习惯于忽略它或者经常抓不住它。

13. 只是渴望，却没有意志力。

14. 习惯于向贫穷妥协，而不是向着财富努力。缺乏成功和行动的雄心壮志。

15. 寻找所有致富的捷径，总是想要不劳而获。通常表现为有赌博或者是占便宜的习惯。

16. 害怕批评。因为介意其他人会怎么想、做什么或者是怎样评价，就无法制订计划并付诸行动。这个敌人应该排在这张列表的第一条，因为它普遍存在于人的潜意识中，我们很难发现它的存在。（见第十五章中的六个基本恐惧）。

让我们看看一些害怕批评的症状。大部分人甘受亲戚、朋友和广大公众的影响，以至于他们无法过自己的生活，就因为他们害怕批评。

很多人在婚姻中都会犯错误，但还是会得过且过地维系下去，一生都很痛苦、不快乐，这是因为，如果按照他们的想法来纠正错误的话，他们害怕会招致批评的声音。（任何曾经向这种害怕屈服过的人，都会了解到它所带来的无法弥补的伤害，因为它会摧毁人的野心、自信，还有对实现目标的渴望。）

很多人在离开学校之后，从来没有想过要去继续接受教育，因为他们害怕批评。

无数的男人和女人，年轻人和老年人，允许亲人以责任心的名义去破坏他们的生活，因为他们害怕批评。（责任，不需要任何人付出破坏生活方式的代价，每个人都应该有野心按照自己的想法来生活。）

人们拒绝在商业方面进行冒险，因为一旦失败，随之而来的就是批评，他们害怕这样的声音。在这种情况下，对批评的恐惧大于对成功的渴望。太多的人拒绝为自己设定太高的目标，甚至拒绝对自己的职业做出选择，因为他们害怕听到来自亲人和朋友批评的声音："不要把目标定得太高，人们会认为你太疯狂了。"

当安德鲁·卡内基建议我花20年的时间来研究如何取得个人成就的时候，我的第一个想法就是害怕人们会怎么说。他的建议为我树立了一个目标，但远远超过了我曾经设想的任何一个目标。几乎是不假思索，我在心里开始为自己找各种托词，其实都来源于我内心对批评的恐惧。在我的内心深处，有个声音在说："你不能这样做，这项工作太庞大，需要太多的时间，如果你这样做的话，你的亲人会怎样想你？你靠什么来谋生呢？没有人能够创立成功的哲学，你凭什么相信自己能够做到呢？无论如何，你算什么呀，竟然设立这么高的目标？你出身低微——你对哲学一无所知——人们会认为你疯了——为什么在此之前没有其他人做过同样的事情呢？"

这些和其他许多问题闪过我的脑海，并且一直提醒我要注意。就好像整个世界突然把注意力投向了我，希望通过嘲笑来让我放弃将卡内基先生的建议付诸实践的愿望。

当时，在我的包袱完全控制我之前，我完全有机会扼杀它。此后，在分析了成千上万人之后，我发现大部分想法都是胎死腹中，但其实通过具体的计划和及时的行动，它们就能够被注入生命的气息。培育一个想法最好的时机就是在它诞生的时候，只要这个想法还存在一秒，就要给它一个更好的生存机会。害怕批评则会让很多想法在计划和行动阶段就胎死腹中。

另一个拒绝接受别人的批评、坚持追求自己梦想的例子是弗雷德·史密斯，在上一章当中已经介绍过他成功创立和运营联邦快递公司的故事。

许多人认为，物质上的成功是良好机遇带来的结果。这个世界上确实有一些人靠着运气获得了一定的成功，但那些完全依赖运气的人几乎都是要失望的，因为他们忽视了确保成功的另一个重要因素。那就是知识，知识加上良好的机遇，才会有成功的诞生。

让我们看看汤姆·莫汉的故事，他在大约 30 年的时间里，将多米诺比萨店从一间小小的店铺发展成了几千家连锁店。1989 年，他决定将自己取得了巨大成功的公司出售，转而专注于慈善工作。

然而，他的计划并没有实施。两年半之后，这家公司因为不断扩大连锁规模濒临破产，所以，莫汉又回到了公司。

首先是重建，然后扩大一家公司。这需要不懈地努力并具有惊人的毅力，但是莫汉在很早之前就已经为此下定了决心，他克服了童年的苦难、贫穷和虐待，成为一位伟大的企业家。而现在，他所面临的任务不仅仅是将多米诺重新带回正轨，而且还要将它扩大到 6000 家的规模，其中 1100 家还是在美国以外的其他国家。

一旦这些连锁店重新站稳脚跟，莫汉面临的将是一个新的、严峻的挑战。多米诺一向以能够快速送餐而赢得美誉，他们向顾客保证的是，30 分钟之内就可以拿到他们订的比萨。

但是这样的承诺让公司遭受了一系列的法律诉讼，人们声称多米诺的送货司机为了赶上30分钟的截止时间，超速行驶，造成了很多事故：多米诺的司机涉嫌撞死了印度的一名女性，她的家人要求赔偿300万美元。在另一名女性获得了7800万美元的赔偿后，多米诺公司已经对这样的事故不堪其扰。此后，多米诺放弃了30分钟送达比萨的承诺。

尽管遭受了这样的经济损失，莫汉还是拒绝放弃。他将更多的金钱、时间和精力投入公司，希望能将它重新带上轨道。他的毅力、积极的态度以及不断开拓进取的精神激发了整个团队，大家都抱着必胜的信念，也正因如此，多米诺才重新回到了行业领头羊的地位。

你可以试试，当你遇到100个人的时候，问问他们在生活当中最想要的是什么，你会发现，98个人都无法告诉你他们的答案。如果你追问他们的答案，有些人可能会说“安全”，很多人会说“金钱”，有几个人会说“幸福”，其他人会说“名望和权力”，还有人会说“社会认可、轻松的生活、能歌善舞、精于写作”，但是没有任何人能清楚地定义这些词，或者是给出哪怕一丁点儿实际的计划，表明他们会靠着这些计划来实现自己的愿望。财富不会对虚空的愿望进行回应，只有确定的计划，有明确的愿望支持，还有不断坚持，财富才会进行回应。

如何培养毅力

有四个简单的步骤可以培养毅力。这些步骤并不需要大量的智慧或者特别的教育程度，也不需要很多的时间或者精力。这些必要的步骤是：

1. 在强烈的愿望驱使下，拥有明确的目的。

2. 能够通过连续的行动体现出明确的计划。

3. 将所有负面和让自己失望的影响都排除在心门之外，包括来自亲人、朋友或者其他熟人的负面建议。

4. 与一个或更多的人组成友好联盟，大家会鼓励你执行计划和坚持目的。

对各行各业想要取得成功的人来说，这四个步骤是必需的。成功哲学的13条原则，全部的目的就是让一个人能够通过这四个步骤养成自己的习惯。

遵循这些步骤，一个人才能够控制自己的经济命运。这是能将人们带往独立和自由思想的四个步骤。这是能够带来财富的做法，无论是大的财富还是小的财富。它们会给你带来力量、名声和整个世界的认可。

这四个步骤同样能够保证你找到良好的机遇。这些步骤能够将梦想变为现实。

它们同样能够让你战胜恐惧、失望，还有冷漠。

那些能够按照这四个步骤来做的人，生活将会给予他们巨大的回报。它们让一个人掌握了自己的命运，让生活提供了人们想要的一切。

是什么神秘的力量能够让充满毅力的人们克服一切困难呢？人们所拥有的毅力，是不是在心中形成了某种形式的精神、心灵或者化学活动，让人们能够获得超自然的力量呢？即使战斗已经失败，整个世界都已经向对手倾斜，那些仍然坚持的人会不会有无穷的智慧不断地涌入他们的头脑中呢？

像亨利·福特这样的人，一开始遭遇了挫折，但最终建立起一个庞大的工业帝国，其实他最初拥有的也只有坚持的信念而已。还有托马斯·爱迪生，只接受过不到三个月的学校教育，但还是成为世界闻名的发明家。他将自己的坚持转化成了留声机、电影放映机和电灯，更不用提其他 100 多种有用的发明。在目睹了他们的故事后，类似上文的疑问也会浮现在我的脑海里。

庆幸的是，我能够对爱迪生先生和福特先生进行近距离的观察，年复一年，并且持续了相当长的一段时间，因此，我也获得了近距离研究他们的机会。所以我能够实事求是地说，他们获得的惊人成就，最重要的来源就是毅力和坚持，除此以外，我没有发现其他任何能够持久地保证他们获得成功的素质。

作为一个研究成功哲学的人，我得出了一个公正的也是必然的结论：只有坚持付出自己的努力，以及确立明确的目标，才是成功人士获得成就的主要原因。

能够表明决心和毅力的一个很好的例子就是霍华德·舒尔茨，星巴克的创始人。如果想要一个新的概念获得成功，那么这个人需要兼具开阔的视野、坚忍的信念和坚定不移的信心。

西雅图的一个小咖啡经销商拥有一些零售店，他雇用了舒尔茨来负责店里的销售和营销业务。舒尔茨那时 29 岁，刚刚结婚。他和妻子离开了纽约市的家，来到西雅图，接受了这份新工作。

大约一年之后，舒尔茨因为一次采购的安排，到访了意大利。当他在米兰闲逛的时候，他注意到咖啡在意大利文化当中是非常重要的。通常，意大利人的工作日都开始于咖啡店的一杯浓咖啡。一天工作结束之后，朋友和同事们会再一次来到咖啡店，在回家前共同度过一段悠闲的时光。咖啡店是意大利社会生活的一个中心。舒尔茨想要把同样的模式移植到美国。在此之前，从没有人这样做过。但是他对此充满信心，因为他觉得星巴克咖啡的高质量一定能吸引到顾客。

这成为舒尔茨的一桩心事。他决心基于意大利的咖啡店模式，在美国建立一个全国性的咖啡连锁店。但是星巴克的业主对这个想法不是很感兴趣。他们的主要业务是经营咖啡豆批发，他们拥有的零售店只是所有业务当中很小的一块。

舒尔茨为了实现他的目标离开了星巴克，计划成立一家新公司。1986 年，舒尔茨在西雅图开设了他的第一家咖啡店，开业之初就获得了很大的成功。舒尔茨很快在西雅图开了第二家店，接着是在温哥华的第三家店。第二年，他买下了星巴克公司，并且用这个名字作为自己企业的名称。

舒尔茨认为，星巴克的质量会有一天改变美国人的日常生活。如果舒尔茨能够以适当的方式进行推广，那么一杯星巴克将成为美国文化的一个基本组成部分。而他也确实是这样做的，他的想法也得到了回报。从 1988 年开始，星巴克的销售额每年都以 9 倍的速度在增长。

舒尔茨设想能在美国开设数百家星巴克咖啡店。在这些店里，在上班路上或者是下班路上的生意人会进来放松一下自己；购物的人们会在店里停下来休息一下；年轻人会在这里用咖啡而不是鸡尾酒来约会；一家人会在看电影之前或之后进店里来享用一杯咖啡。

从 1989 年开始，星巴克连续三年遭遇亏损，仅仅这一年，损失就超过 100 万美元。但是舒尔茨从来没有放弃。他有一个坚定的信念，认为这是公司发展的一个过程，而这些损失也会很快变成利润。

当西雅图的星巴克店开始赢利的时候，星巴克开始缓慢向其他城市扩张——温哥华、波特兰、洛杉矶、丹佛，后来发展到芝加哥以及美国的东部城市和海外。现在，“星巴克”已成为全世界家喻户晓的名字，也是美国营销智慧的典范。它也让霍华德 · 舒尔茨成为世界上最富有的人之一。

第 十 章

致富第 9 步——智囊团的力量：驱动力

力量对财富的积累来说是必需的！力量指的是“有组织的努力”，它足够让一个人将愿望变成金钱对等物。有组织的努力是通过两个或者更多人的合作和努力产生的，他们需要朝着一个确定的目标前进，并且要保持和谐的精神。

在积累财富的过程当中，力量对成功来说非常关键。

如果没有足够的力量将计划转化成行动，那么计划就毫无生气、毫无意义。这一章将主要介绍一个人如何获得和应用力量。

力量可以被定义为“有组织且巧妙运用的知识”。这里所说的**力量指的是“有组织的努力”，它足够让一个人将愿望变成金钱对等物。有组织的努力是通过两个或者更多人的合作和努力产生的，他们需要朝着一个确定的目标前进，并且要保持和谐的精神。**

力量对财富的积累来说是必需的！在积累到财富后，如果想要保留财富也是需要力量的！

让我们来确定如何才能够获得力量。如果力量是“有组织的知识”，那就让我们审视一下这种知识的来源：

1. **无穷的智慧**。这种知识的来源可以通过第六章中所描述的方法得来，需要借助创造型想象力的帮助。

2. **经验积累**。人类的经验积累（或经过组织和记录的部分），可在任何设备良好的公共图书馆发现。高等院校也会将这种经验的重要部分分类整理后传授给学生。

3. **实验研究**。在科学领域，在其他几乎所有的生活领域，人们每天收集、分类并且整理新的事实。当经验积累无法提供一些知识的时候，人们就需要通过这种方法来获得知识了。同样，也需要借助创造型想象力的帮助。

知识可以从上述任何来源获得。这些知识经过整理变成了明确的计划，将计划付诸行动，知识就转化成了力量。

如果人们在获得知识的过程中，只是依赖自己的努力，并且通过明确的行动计划表明了这一点，那么分析以上知识的三大来源，你会很容易发现其中存在的一些困难。如果他们想要尽可能多地获得知识，一般来说，他们必须诱导他人与自己合作，才有可能获得力量的必要源泉。

从智囊团得到力量

智囊团可以定义为：两个或者更多的人为了达成确切的目标，以一种和谐的精神，彼此相互协调所知，共同努力。

如果没有智囊团的帮助，没有一个人可以拥有巨大的力量。第七章已经介绍过该如何制订计划来将愿望变成金钱对等物。如果你以毅力和智慧遵循并且执行指示，对智囊团的成员慎重选择，甚至在你认识到这一点之前，也许只需花费一半的时间，你的目标就能够实现。

所以你可以更好地理解，通过选择合适的智囊团成员，力量能够带给你无形的潜力。在这里，我们将解释智囊团原则的两大特色，其一是经济层面的，另一个则是精神层面的。经济层面的特色显而易见。如果一个人的周围有这样一群人，他们本着完美的和谐精神，愿意提供真心的支持与合作，提供自己的意见和建议，那么，这个人将能够创造出巨大的经济优势。这种合作联盟的形式几乎是每一笔巨大财富的基础。你对这个真相的理解可能会决定你的财务状态。

智囊团原则的精神特色则比较抽象，理解起来也更加困难，因为作为一个整体，它具有参与人类精神的力量，这种力量是大家所不熟悉的。你可以从这句话抓住一些重要暗示：“两种思想碰撞在一起之后，一定会产生出第三种无形的、触碰不到的力量，而这第三种力量可能和第三种思想相关。”

记住，事实上，在整个宇宙当中，只有两种已知的元素，也就是物质和能量。这是一个众所周知的事实，物质可以被分解为分子、原子和电子的形式。物质的单位可以分离，也可以被分析。

同样，能量也有自己的单位。

人的思想是能量的一种形式，它是精神性的一部分。当两个人的思想能够以和谐的精神协调运转的时候，每个人的思想能量就形成了亲密的关系，这也就构成了智囊团原则的精神特色。

智囊团原则，或者说它的经济特征，我第一次注意到是在 25 年前，是在安德鲁·卡内基的身上发现的。这个原则的发现也让我选择了此后生活中最重要的一项事业。

卡内基先生的智囊团小组由大约 50 名员工组成，他们都和卡内基一样，有着明确的目标，那就是钢铁的制造和销售。他将自己通过智囊团积累的所有力量都投入实现这个目标和积累财富中。

如果你分析那些积累了巨大财富的人，或者是那些已经拥有了相当数量财富的人，你会发现，他们都会自觉或者不自觉地采用智囊团的原则。

除了智囊团原则之外，没有其他任何原则可以帮助积累巨大的能量！

能量是大自然构建万物的基石，她运用能量创建了宇宙当中的任何事物，包括人类以及每一种动物和植物的生命。通过一种只有大自然才能够完全理解的进程，她将能量转变成了物质。

作为大自然构建万物的基石，我们也可以在思考当中适用同样的能量。我们可以将人类的大脑比喻成一块电池。它从其他地方吸收能量，渗透了物质的每一个原子，并且充斥于整个宇宙。一个众所周知的事实是，一组电池将比单节电池提供的能量多。另一个众所周知的事实是，单节电池能提供多少能量，取决于它所包含单元格的数量和容量的比例。

大脑也通过类似的方式在发挥功能。这就能够很好地说明，有些人的大脑比其他人更加有效率，并且能够产生重大的发现。一组人的大脑如果能够和谐地协调（或连接）在一起的话，将能够提供比一个大脑更多的思想能量，正如一组电池所提供的电量多过一节电池能提供的一样。

通过这个比喻，显而易见的是，智囊团原则的秘密就是让自己的周围环绕着充满力量的其他人的大脑。

接下来的另一种说法，应该能够让智囊团原则的精神特征更容易理解：当一组人的大脑能够以和谐的精神合作和运转的时候，通过这样的联盟所增加的能量，可以为这一组中每一个成员的大脑所用。

大家都知道，亨利·福特开始自己的经商生涯时，经历了贫困、失学和无知三重困境。但大家同样也知道，只用了 10 年时间，福特先生就克服了这三大障碍，并且在 25 年之内，使自己成为美国最富有的人之一。与这个事实紧密相连的是，福特先生从成为托马斯·爱迪生的朋友之后，才开始显示出迅猛发展之势，他开始获得很多知识。观察到这一点，你就会开始明白，一个人的思想对另一个人的影响可以有多大。再进一步观察，你会发现，当他结识了哈维·费尔斯通、约翰·巴勒斯、卢瑟·伯班克（这些人都具有极高的智慧），并且和他们成为朋友之后，福特先生开始取得最为杰出的成就。你就能为这个观点找到更为有利的论据，也就是力量可以通过智慧的友好联盟产生。

亨利·福特是美国商业历史上最为聪明和能干的一个人，对于这一点，从来没有人怀疑过，他所积累的财富也是不需要讨论的问题。分析福特先生的亲密朋友（其中一些我们已经提到过），你就能准备好接受和理解以下陈述：

本着和谐精神与他人交往，人们会在无形中学到朋友的秉性、习惯和能力。

亨利·福特通过其他伟大思想的帮助，消除了自己的贫困、文盲和无知，那些思想的振动能够走进他的内心。通过与爱迪生、伯班克、巴勒斯和费尔斯通的合作，福特先生赋予自己的内心以智慧、经验、知识和精神力量，而这些都来源于其他四个人的给予。更重要的是，他通过本书中所描述的方法，恰当地使用了智囊团原则。现在，这个原则于你而言也同样适用。

在第二次世界大战后，罗斯福总统将这个国家最优秀的人才召集到华盛顿，组成了一个被他称为“智囊团”的组织。这个组织经常会被政府和行业领袖所召唤，来帮助他们处理各自所遭遇到的关键问题。

在前面我们已经提到过甘地的故事。也许大多数人听说过甘地，但仅仅把他看成一个古怪的小男人，甚至连一身正式的衣服都没有，只会给英国政府不断制造麻烦。

但实际上，甘地并不古怪，他甚至是那个时代最有力量的一个人。（之所以这样说，是由追随他和接受他领导的人的数量来估计的。）此外，他可能是有史以来最强大的人，他的力量可能是无形的，却无比真实。

让我们来看看，甘地到底是通过什么方法获得了巨大的力量。这可以通过简单的几句话来解释清楚。他成功地诱导了超过两亿人，为了达到一个明确的目的，让他们无论是在身体还是精神方面，都与自己保持一致与和谐。

总之，甘地完成了一个奇迹，因为当两亿人都能听从一个人的指示时，它就是一个奇迹。而且不是被迫的，是以和谐的精神，愿意永远与他合作。如果你怀疑这能否称得上是奇迹，那么你可以试试，能不能让两个人在任何时间跨度里都亲密无间地合作。

对经营公司的人来说，这一点应该能让他们感触颇深，因为他们知道，让员工以和谐的精神来共事，是一件多么困难的事情。

正如你所看到的，获得力量的主要来源都需要无限的智慧。当两个或者更多的人以和谐的精神协作，并且朝着一个确定的目标努力的时候，他们就确定了自己的位置，然后通过联盟从外部世界的智慧宝库中吸收到无穷的力量。这是力量所有来源当中最为强大的，这也是天才之所以会产生的原因，这也是每一个伟大的领袖会从中汲取能量的精神来源（无论他们自己有没有意识到都是如此）。

积累力量必需的知识还有另外两处来源，但其实并不比我们自己的感觉更加可靠。感觉并不总是可靠的，只有无穷的智慧不会犯错。

在随后的章节中，我将就“如何能够接触到无穷智慧”的方法进行充分的描述。

这不是一个宗教课程。这本书中介绍的基本原则不应被解释成为了直接或者间接地干扰任何人的宗教习惯。这本书仅仅用来指导读者，如何将对金钱的愿望和目的转化成对等的现实。

阅读，思考，思考你所读到的。很快，整个主题将会展现在你面前，你将会从各个角度审视它。你现在看到的是个别章节中出现的细节。

“金钱”是害羞且难以捉摸的。追求这样一个伴侣，你可不能像一个有决心的爱人那样俘获它，你必须用求爱的方式去积极赢取。巧合的是，这种能量用于追求金钱时，与你用语追求爱人时的方式是大同小异的。这种成功应用于追求金钱的能量必须与“信仰”联结，必须与“愿望”联结，必须与“毅力”联结。它必须通过计划得以运用，这个计划必须投入“行动”中。

对于创建你自己的智囊团来说，最好的来源就是你的员工。英特尔公司杰出的CEO安德鲁·格罗夫就是这么做的。格罗夫和一群做技术、市场营销、财务和行政的人们是一个团队，他们在一个非正式的工作环境里共事。这里没有为高管提供私人办公室、特殊停车位或者其他特权。员工拥有一个慷慨的股票期权计划，如果公司盈利，股票上涨，他们可以共享收益。

尽管这个团队显得有些随意，但他们跟随格罗夫领导，他们对自己要求也很高。1976年英特尔公司面临危机时，这个团队心甘情愿投入额外的努力，花费更多的工作时间和解决问题所需的任何东西。还有一次，他们发现英特尔奔腾芯片有小瑕疵，只会影响微不足道的一点儿操作。但格罗夫决定更换成本为4.75亿美元的奔腾处理器，而不交付不完美的产品，这一决定得到同事们的充分认可。

格罗夫鼓励他的员工以小组开展工作，在自主的工作单位中，每个人都能理解系统和他们各自的角色。每个人贡献各自的知识、技能和创造力。团队成员受过训练，且有动力去发挥他们的最佳生产力。当危机出现时，团队愿意投入额外的时间、精力和脑力来应对和战胜所面对的问题。

当“巨资”涌来时，它会流向积累它的人，一切就像水往低处流那样顺其自然。这里存在着一条伟大的隐形能量之流，也许与河流相比，除了一侧带着所有人进入，向一个方向流动，向前、向上、向财富——另一侧则带着所有不幸者进入，朝相反的方向流动（而并不能使自己从溪流中脱身），向着痛苦和贫困。

每个能够积累巨大财富的人都意识到生活中确实存在这种财富的流动，它包括一个人的思维过程。在这种流动的一侧，思想的积极情绪能够将人带向致富之路。同时，在这种流动的另一侧，消极情绪则会将人带向贫穷。

对希望通过这本书的学习达到积累财富目标的人来说，认识到这一点非常重要。

如果你在这种力量的溪流流向贫困的一侧，你可能会得到一支桨，你可以推动自己流动到另一侧。但是只有通过真正地理解和使用，它才能够为你所用。如果仅仅是通过阅读，或者是通过判断，无论这样还是那样的方式，对你来说，都不会有什么帮助。

有些人可能会经历在流动的两侧不断摇摆的情况，有时候在积极一面，有时候在消极一面。1929 年的华尔街崩盘将数百万人从这种流动的积极一侧带到了消极的一侧。数百万人苦苦挣扎，有些人曾经坠入过绝望和恐惧的深渊，但最终他们回到了积极的道路上。这本书就是为这样的一群人而写的。

贫困和财富往往会交替出现。贫困代替财富往往是自发的。但是当财富想要取代贫困时，这个过程通常需要仔细地构思和顺利地执行计划。贫穷不需要任何计划，它不需要人们帮助实现，因为它是大胆且无情的。但财富则是胆小且害羞的，它必须被吸引。

任何人都渴望财富，而且大部分人都如此渴望，但是只有少数人知道：**一个明确的计划，加上熊熊燃烧的愿望，才是积累财富唯一可靠的手段。**

罗斯·佩罗的故事就能很好地展示，意志坚强的承诺具有强大的力量，不仅仅是他自己具有这种力量，而且围绕在他周围的智囊团也是如此。他对财富有着强烈的渴望，而且他也实现了这一渴望。

在他创立 EDS（美国电子数据公司）之前，他曾在 IBM（国际商业机器公司）担任销售人员。他曾经被警告，离开 IBM 从头开始创立一家公司会是一个错误，但是这并没有让他却步。他对未来的愿景规划激励他做出了选择。而他最终的成功则清楚地说明，坚持你的梦想，并且将这个梦想传递给一个专家团队——一个智囊团，他们所拥有的专业知识将帮助你通往成功并获得财富。

佩罗深信，坚定的承诺可以完成奇迹。这一点可以从 EDS 参与竞争计算机行业最大的一单合同上看出来。他们当时的竞争对手是 IBM。比起 EDS，IBM 有钱得多，而且他们的员工都是这个行业里经验丰富、知识渊博的专家。EDS 只有一个小团队与 IBM 这样的“庞然大物”来竞争，但团队成员都很专业。

佩罗回忆说：“我们这场竞标持续了 30 天，每天我走进办公室，我们团队的 15 个人就会说：‘哎呀，我们可能不会赢，尽管这将是一次伟大的经验。’听到这样的话，我没有心急火燎或者大发雷霆，我只是走到了黑板旁边，写下了我们可能会被评判的 7 条标准。我尽量用低沉完美的声音说：‘这 7 条中无论哪一条，我们都一定会打败他们。胜利的那一天一定属于我们。’”

佩罗说，赢得这个项目，大家纷纷得到了加薪、奖金和股票期权等好处，同时还为公司创造了上千个新的就业机会，这些都是这个项目为公司和他自己带来的有形奖励。然而，他认为更重要的是项目带来的巨大满足感，因为他们的辛勤工作和创造力，他们击败了当时世界上最优秀的公司。这就是一家伟大的公司如何被造就的过程——一个团队作为一个智囊团在一起奋斗，为了打败一个对手。

第　十　一　章

致富第 10 步——性转换的神秘

性欲是人类最强烈的一种欲望。被这种欲望驱使时，人们会产生强大的想象力、勇气、意志力、毅力，以及在其他时候所没有的创造力。

从来没有一个伟大的领导者、建筑家或者是艺术家缺乏这种性的驱动力。

简单地说，“转换”一词的意义就是“将一种元素或能量形式改变或转化为另外一种元素或能量形式”。

性的情绪会转变为一种心理状态。

由于对这一问题的无知，人们通常将这种心理状态和生理联系在一起。而且由于多数人在获取性知识时受到的错误影响，还误认为它是纯生理的东西，其实它与心理有很大的关系。

性激情隐含了三种潜在的建设性力量。它们是：

1. 人类的繁衍。
2. 保持健康（它的治疗作用无可比拟）。
3. 通过转化性欲力量，庸才可以变成天才。

性欲的转换很简单，且易于解释。它是一种心态的转换，其过程是把通过生理表现的意念转化为其他意念。

性欲是人类最强烈的一种欲望。被这种欲望驱使时，人们会产生强大的想象力、勇气、意志力、毅力，以及在其他时候所没有的创造力。性接触的欲望非常强烈和冲动，往往使人沉溺其中，甚至甘冒生命和名誉的危险。如果加以控制，并向其他方向引导，这种动力就会保留其强大的想象力和勇气等性质，成为能够被应用在文学、艺术或其他专业、职业（其中当然包括积累财富）上的强大创造力。

当然，**性能量的转换需要运用意志力的能量，不过带来的回报是值得的。**性欲的表达是天生的、自然的。这种欲望无法也不该被埋没或抹杀，但它应该通过丰富人类身心与精神的表现方式来发泄。如果不能以转换的渠道来宣泄，它就会通过纯粹的肉体渠道来寻求发泄。

我们可以修筑堤坝，在一段时间内控制河流的水量，但它终究需要宣泄。性欲也是如此，它可以被压抑一段时间，但其天性还是会不断地寻求表达方式。假如不用创造性的方式加以引导，它就会以没有什么价值的渠道发泄出来。

很幸运的是，有一部分人已经懂得如何通过某种创造性方式来发泄性激情。

科学研究揭示了以下重要事实：

1. 成就非凡的人具有高度的性魅力，而且他们学会了性欲转换的技巧。

2. 积累了巨额财富的人以及在文学、艺术、建筑等其他领域中获得卓越成就的人，背后都有女性的力量在驱动他们。

这些结论是综合两千多年来伟人的传记与历史发现的，其中凡是有关重大成就获得者的证据都有力地表明，他们拥有高度的性魅力。

性激情是一种“不可抗拒的力量”，即使将身体捆绑住也无法使之消失。在这种情绪驱动下，人会变得具有一股内在的行动力量。明白了这一事实，就能领悟“性欲转换包含着创造力的秘诀”这句话的意义了。

无论人还是动物，如果破坏了性腺，就等于除去了行动的主要源泉。要证明这一点，不妨观察一下动物被阉割后的情形。阉割后的公牛会变得像奶牛一样温驯。阉割会使雄性动物（无论人或兽）丧失斗志，去除雌性动物的卵巢也有同样的效果。

10 种心理刺激物

人的心理会对刺激做出回应，这种激励可以促使大脑产生高频的振动，即所谓的热情、创造型想象力、强烈的欲望等。最易于激发心理反应的刺激物有：

1. 表达性的欲望
2. 爱
3. 对名誉、权力、经济利益或金钱的强烈欲望
4. 音乐
5. 同性或异性间的友谊
6. 为了精神或世俗成就，两人或多人以和谐的精神组成的智囊团
7. 共同的苦难，如遭受迫害的经历
8. 自我暗示
9. 恐惧
10. 毒品和酒精

在以上清单中，居于首位的是表达性的欲望，它最能有效地增强思想的振动频率，开动行为的“车轮”。其中 8 种刺激物是自发且具建设性的，两种是破坏性的。列出此清单的目的在于使你能够对心理刺激物的主要来源做一个比较研究。从这项研究中可以看出，性激情极有可能是所有心理刺激物中最强、最有力的一种。

这种比较对于证明性能量的转化能够将一个庸才变成天才也是必

需的。让我们来看看是什么组成了一个天才。

对于天才，一个比较好的定义是："一个能够发现如何提高思想振动频率的人，能够将思想带到通过一般的振动无法企及和获得的知识自由交流的高度。"

善于思考的人对天才的这个定义难免有些疑问。第一个问题便是："人怎么接触一般思想无法取得的知识？"第二个问题是："是否存在只有天才知道的知识来源，如果有，这些来源是什么？还有，究竟怎样才能得到这些来源？"

我们将提供一些证据，你可以通过自我实验来得到证实，而且，这样做我们也就同时回答了这两个问题。

"天才"是通过第六感培养出来的

第六感就是创造型想象力，它的存在事实已被广为接受。大多数人一生中从未使用过它，而且就算使用了，也经常只是在偶然情况下。只有相当少的人是有意且有目的地使用创造型想象力的。那些能依个人意愿使用它，而且是在了解其功用的情况下使用它的人就是天才。创造型想象力的能力是人类有限的大脑和无限智慧之间的直接连接。宗教领域所有被称为原理的，还有发明领域所有基本的或最新的原理都是通过创造型想象力发现的。

当构想或观念通过所谓的"灵感"闪现在脑海时，它们就是从以下的一个或几个来源产生的：

1. 无限的智慧。

2. 个人的潜意识。每一个通过五种感官之一到达大脑的感觉印象和意念冲动都存放在那儿。

3. 他人的想法。这个人通过有意识的思想表达了其意念、构想或观念的轮廓。

4. 来自他人的潜意识宝库。

除此之外，没有其他来源可以激发构想或灵感。

当人类的大脑因为某种形式的心理刺激以非常高速的频率在振动的时候，创造型想象力才能发挥出最佳作用。也就是说，那个时候的大脑作用比普通的、正常的思想振动要快得多。

当 10 种刺激物中的一种或多种激发了头脑的作用力时，就能提升个人的思想水平，使之超越一般的程度，也使一个人能够拟想的意念深度、远景和特质超过较低层次的思想所能到达的程度。这是个人在解决事业上的问题与处理专业事务时，他的思考能力所无法达到的境界。

通过任何一种心理刺激方式将思想水平提升到较高层次时，一个人的相对位置就好比登上了飞机。飞到一定高度后，他就可看到地平线以外的景物，而这些景物平时在地面上是无法看到的。此外，一旦到达这样的思想高度，那么平常为了三项基本要求（衣、食、住）奋斗时会限制个人视野的刺激物，此时就无法再妨碍或束缚人了。在一个人现在所处的思想境界中，已经有效消除了普遍、乏味的思想，正如随飞机上升时，地面的山丘、山谷以及其他视觉障碍顿时被抛在身后一样。

在这种思想高度上，大脑的创造功能得以自由发挥，供第六感发挥的道路已经畅通无阻，个人因而能接收到在其他环境下所无法得到的构想。第六感其实就是区分天才与普通人的一种能力。

创造力对于“个人潜意识”以外产生的原动力会变得更灵敏且更易于接受它们，个人越是使用这种能力，就越会依赖它，且需要它来产生意念冲动。只有经常使用，才能培养与发展这一能力。

被大家称为“意识”的东西，其实就完全是通过第六感来发挥作用的。

伟大的作家、音乐家和诗人之所以伟大，是因为他们通过创造型想象力的天赋，养成了依赖心底发出的“细微声音”的习惯。有敏锐想象力的人都知道，他们最好的构想都是来自所谓的灵感。

有一位伟大的演说家此前一直不能被称为伟大，直到他开始在激起全场轰动之前闭上眼睛，完全依赖其创造型想象力时，他才变得无比伟大。当有人问他为什么在演讲高潮到来前要闭上双眼，他答道：“只有那样，我才能说出来自心底的想法。”

美国一位最成功、最有名的金融家在做决策之前，也有闭上双眼两三分钟的习惯。问他为什么这样做时，他回答说：“闭上眼睛时，我能更好地发挥智慧的力量。”

马里兰州的埃尔默·盖茨博士（已故）创造了200多项有用的专利，其中多项专利基本上是在培养与应用创造能力的过程中产生的。他的做法对有意取得天才地位的人（盖茨博士无疑属于此类人物）而言，不只重要，而且有趣。盖茨博士正是世上少数的真正伟大但不出名的科学家之一。

在他的实验室里，有一个“个人沟通室”。这个房间几乎是完全隔音的，而且它的设计完全阻隔光线。里面有一张小桌，桌上放着一沓纸，桌前的墙壁上有一个控制光线的电钮。当盖茨博士想运用创造型想象力的时候，他就会进入这个房间，坐在桌前，关掉电灯，专注于正在发明的对象的已知因素。他就这样静坐着，直到与发明有关的未知因素

“闪入”脑海为止。

有一次，构想源源不断地到来，使他写了近3个小时。当意念停止不再如泉涌一般时，他会检查笔记，发现上面详细叙述了一些原则，而那些原则在科学界已知的资料中找不到任何相同的东西。此外，问题的答案也已巧妙地呈现在笔记中了。通过这种方式，盖茨博士完成了超过200项专利，其中有一部分专利已经开始构思但没有最终完成，而是被大脑加工成了“半成品”状态。如果你怀疑这一说法的真实性，你可以去美国专利局找到证据。盖茨博士凭借为个人或公司“坐待构想”（sitting for ideas）谋生。美国一些大的公司会按照小时为他的“坐待构想”支付丰厚的费用。

推理经常有缺陷，因为它在很大程度上依靠个人累积经验的指引。但个人通过经验所获得的知识并不完全正确，而通过创造能力取得的构想则可靠得多，这是因为其来源要比推理的来源更为可靠。

天才与普通的狂热发明者的最大差别在于，天才是通过创造型想象力的天赋工作，而那些狂热者则完全不了解这一能力。科学界的发明家（就像爱迪生、盖茨这样的人）则会同时利用综合型想象力和创造型想象力。

举例来说，科学发明家或者是天才，会通过综合能力（推理能力），组织及结合已知的知识或根据经验得到的原则（推理的能力）来开始一项发明。如果他们发现积累的知识不足以完成这项发明时，就会通过创造性的能力来取得知识来源。这项工作的完成方式因人而异，但以下则是其中的必要条件：

1. 通过使用10种心理刺激物中的一种或几种，或自选其他的刺激物来激励自己，来使它发挥高于一般思想振动所能激发的功能。

2. 他们会专注于发明对象的已知因素（已完成的部分），并在心中形成其未知因素（未完成的部分）的完美影像。他会将此影像保留在心中，直到被潜意识接管，然后清除心中杂念，等待答案“闪入”脑中。

通过这样的方式，有时结果的获得既确定又迅速，但有时结果则是消极的。这完全取决于第六感或创造力的发展状态。

爱迪生先生在通过综合型想象力尝试了一万多种不同构想组合之后，终于通过开启创造型想象力才得到制造电灯泡的答案。发明留声机时，他也有类似的经验。

有足够的可靠证据证实，创造型想象力的天赋是存在的。仔细分析一下各行各业中未受广泛教育却能成为领导者的人便能找到证据了。林肯是伟大领袖中的突出范例。他就是通过发掘、运用创造型想象力而日趋伟大的。他之所以发现并开始运用这种能力，是因为他在遇到安妮·拉特利奇后体验到了爱的刺激，这也是和研究天才来源有关的重要事实。

在丰富的历史记载中，有不少伟大领袖的成就直接来自女性的影响。通过性欲的刺激，她们唤起了这些领袖心中的创造力。拿破仑就是其中之一。受到第一位妻子约瑟芬的激励，他所向无敌。当判断力或理性促使他抛弃约瑟芬时，他就开始走下坡路。他在失败后没过多久就被流放到圣赫勒拿岛了。

我们可以轻易举出数十位美国人所熟知的人士，是在妻子的激励下登上成就巅峰的。而在他们达到权力和金钱的巅峰之后，他们抛弃原来的妻子，追逐新人，结果都开始走下坡路。性的影响力比理性创造的任何替代物都更为强大，认识到这一点的并非拿破仑一人。

人脑会对刺激做出反应！

在所有的刺激当中，性刺激是最有力、最强大的。如果能加以控制且转换得当，这股动力可以把个人提升至较高的思想领域，使人能够轻易掌控在较低思想层次上产生焦虑与烦恼的源头。

不幸的是，只有天才才能认识到这一点。其他人虽然接受了性刺激的事实，却没有发现它所具备的潜力，这也是为什么普通人的数量如此之多，而天才的数量却微乎其微。

性能量是所有天才创造性能量的来源。**从来没有一个伟大的领导者、建筑家或者是艺术家缺乏这种性的驱动力。**

当然，也不会有人因此错误地认为，所有具备高度性魅力者都是天才。只有通过想象力产生创造性，让它激励我们的智慧，使之能汲取一切力量，才能使我们成为天才。产生这种“提升自我”的最主要的刺激物就是性能量，但只拥有这股力量还不足以成为天才。只有将这股能量从肉体接触的欲望转化为其他欲望和行为方式，一个人才能成为天才。

然而，大部分人不但无法因为强烈的性欲成为天才，反而因误解以及滥用这股强大的力量而把自己贬为低等动物。

为何成功总在 40 岁之后

我分析过不下 2.5 万人，发现成就斐然的人士很少在 40 岁之前功成名就，而且，其中多数更是在 50 岁之后才取得这种地位。这一事实令人惊讶，所以我仔细地探究了其中的原因，这花费了我超过 12 年的时间。

研究结果显示，大部分人无法在四五十岁以前成功的主要原因在于，他们沉湎于以肉体方式表达性激情，以致耗费精力。大部分人永远不会懂得性欲的其他潜力，而且其重要性远远超过肉体表现的重要性。而了解这一点的人多半在四五十岁之前的性能量高峰期浪费了许多时间，然后才醒悟过来。认识到这一点之后，他们才开始取得显著的成就。

许多人直到 40 岁甚至 40 多岁还在浪费精力，而那些精力原本可以转化为更为有益的渠道。他们精力充沛、头脑敏锐的时期都被自己浪费掉了。“年轻放荡”这个词组就是由男性这种习惯产生出来的。

总之，在所有的人类情感当中，性的欲望无疑是最强烈且最具驱动力的，正因如此，这股力量如果经过控制并转换为肉体表达以外的行动，一个人就可以得到自我提升，从而取得伟大的成就。

美国最成功的商人之一曾经坦白说过，他所创造出来的很多计划其实都可以归功于他那充满魅力的秘书。他承认，秘书的美貌将他带到了创造型想象力的顶端，而其他任何刺激都无法达到同样的效果。

历史上不乏这样的例子，有人拿酒精和麻醉剂等当作人造的刺激物，使自己达到天才的地位。爱伦·坡在酒精的作用下写出了《乌鸦》一诗，“梦到了凡人从来不敢做的梦”。詹姆斯·惠特科姆·赖利也在酒后写出了自己的最佳作品。或许就是这时候，他才看到了“现实与梦境的理想结合，河上的磨坊，溪上的薄雾”。

但也不要忘记，这些人有许多到最后终究毁了自己。大自然准备了自己的馈赠，供人们尽情地激发心智，使其转化为超凡脱俗、积极向上的思想，而没有人知道这些思想来自哪里。至今还没有什么能令人满意地取代大自然的激励。

对心理学家而言，一个众所周知的事实是，性欲和精神冲动之间有着非常密切的关系。这导致了被称为宗教复兴的奇特行为，还有很多类似的疯狂行径。

人的情感统治着这个世界，决定着文明的命运。人们的行为受到理智的影响，但更受情感的影响。大脑的创造能力完全靠情感来赋予它行动，而不是靠冷酷的理智。人类情感中最强有力的就是性激情。当然也有其他心理激励物（有些已列出来），但其中任何一项，甚至它们的总和都无法和性驱动力相提并论。

暂时或永久提升思想振动频率的任何影响力都是心理刺激物。前面列举的10种主要刺激物是最常被人们使用的刺激力量。通过这些力量源泉，个人可以随意进入自己或他人的潜意识宝库，这就是产生天才的过程。

一个培训指导过3万余名销售人员的老师有一项令人惊讶的发现，即高度性感的人通常是最具效率的推销员。对于这个发现，唯一的解释是，一般称为“个人魅力”的个性因素正是性的力量，高度性感的人总有着无穷的魅力。通过培养和了解，这股强大的力量可以有力地推动人际关系。这股能量可以通过以下媒介传达给他人：

1. **握手。**手的接触可以立即显示一个人是否有吸引力。

2. **声音语调。**吸引力或性的力量可以使一个人的声音悦耳迷人。

3. **姿势和举止。**高度性感的人行动轻快而且优雅轻松。

4. **思想的悸动。**高度性感的人会把性的情感与思想融合起来，或者可以按照自己的意愿挥洒自如，而且还可以以这种方式影响身边的人。

5. **服饰。**高度性感的人通常非常注重自己的外表。他们选择的服装风格总是适合自己的个性、身材和肤色等。

雇用推销员时，精明的销售经理会寻找个人魅力作为推销员的“第一条件”。缺乏性魅力的人永远无法具备热忱，也无法以热忱激励别人。

无论一个人推销的是什么，热忱都是推销术中最重要也最不可缺少的因素。就其影响他人的能力而言，如果公众演说者、辩论家、律师或推销员缺乏性魅力，那么则会是个“大缺陷”。

将这一点与另一个事实联系在一起，你就会明白，性魅力作为推销员的必备能力是很重要的。那个事实就是，大部分人只有通过情感才能受到影响。推销大师之所以精通推销术，是因为他们有意或无意地将性魅力转化为销售热情！性欲转换的真正意义，或许从这个说法中可以得到一个实际的反映。

推销员如果懂得将心思从性的问题上转移，而将之转变为热忱和决心，并以此指导销售工作的话，他就已经获得性欲转换的技巧了（无论他自己知道与否）。大部分成功转化性欲的推销员并不知道自己在做什么，或者自己是如何做到的。

转换性能量需要非凡的意志力，而这超过了一般人为此目的而付出努力的意愿。那些觉得自己很难拿出足够的意志力来转换性欲的人，可以逐渐地培养这一能力。虽然这需要意志力，但所得的回报却远胜过所付出的努力。

对性的整个领域，大部分人都表现出不可原谅的无知。性冲动也基本上被无知和心术不正的人误解、诽谤和讽刺。长期以来，性这个词在一个文明社会里似乎就是难以启齿的。一般认为有幸享有——没错，是很幸运——突出性魅力的男女通常被视为引人注目的一群人。而事实上，他们通常受到非议，而不是赞誉。

即使在这个开放的时代，还有千百万人错误地认为性力量是一种诅咒，从而形成了自卑感。这些称赞性能量的说法当然也不应被解释为是在为放荡辩护。唯有在明智、有辨别力的情况下，性激情才能成为一种美德。它可能被误用（且经常如此），其结果不但无法丰富身心，反而贬低了它。如何更好地利用这种能量就是本章中所要阐述的。

笔者发现，几乎每一位成就卓著的伟大领袖都深受一位女性的激励。在许多情况下，“当事的女主角”通常都是谦逊、自我牺牲的妻子，而且大众对她们知之甚少，甚至完全不了解。在极少数情况下，这种激励的来源是某一些“其他的女性”。也许这样的情况对大多数人来说都是完全不了解的。

沉溺于性爱的习惯，跟沉溺于暴饮暴食和酗酒的习惯一样，是有害的。在我们生活的这个时代，始于第一次世界大战之后的时代，沉溺于性爱是常见的。这种疯狂的放纵，才导致了伟大领袖的稀缺。没有人可以在不断消耗的过程中，利用创造型想象力的力量。人类是地球上唯一违反大自然的目的存在的一种生物。其他所有的生物都能够适度地享受性爱，并且保持与大自然法则的和谐。其他所有的生物都只会在特定的季节去回应性欲的召唤，但是人类却在任何季节都沉湎于其中。

每个明事理的人都知道，酒和麻醉剂的过度刺激，无论对身体还是思想，都是一种毁灭性的放纵方式。然而，却有很多人不知道，过度沉溺于性也可能成为一种习惯，它对创造性而言，就如酒精或麻醉剂一样具有破坏性。

一个沉迷于性的人和沉迷于毒品的人其实没有什么两样！两者都无法控制其理性与意志力。沉迷于性的人不仅仅会破坏理性和意志力，而且可能会导致暂时或永久性的疯狂。很多妄想症（一种幻想的疾病）的病例就是由于对性的真实功能无知，养成不良习惯而导致的。

从对这一主题的关注，我们可以看到，对性欲转换的无知，一方面会使无知者受到严厉的惩罚，另一方面也使他们无法获得丰厚的利益。

对性的普遍无知，原因是这个问题一直被包围在神秘和沉默中。神秘和沉默对年轻人心理的影响就和禁令使人产生的心理状态是一样的。结果，这个禁忌话题更激发了人的好奇心与深入了解的渴望，然而，所有立法者和多数心理学家——他们训练有素，最有资格教导青年人——该感到惭愧的是，这方面的知识一直都不易取得。

很少有人在40岁以前就开始从事具有高度创造性的工作。一般人要在40岁至60岁之间才能达到创造力最强的阶段。这个说法是根据仔细观察数以千计的男女后分析得来的。对那些无法在40岁以前成功，还有那些年纪在40岁分界点以及那些对接近老年感到害怕的人而言，这些说法应该很有鼓励作用。按理说，40岁到60岁是取得成果的岁月。接近这个年纪时，不应心怀恐惧、忧虑，而应该满怀希望、热切期待。

假如你需要证据来证明大部分人都是40岁以后才有最佳的成就表现，不妨研究一下美国人所熟悉的成功人士的记录，你就会说服自己。亨利·福特过了40岁才踏上成功之路。安德鲁·卡内基开始享受努力的成果时已是四十好几了。詹姆斯·希尔40岁时还在敲电报键，他也是在那个年纪以后才取得惊人成就的。在美国企业家的传记里，这样的证据比比皆是，他们都足以说明40到60岁之间的岁月是创造人生业绩的黄金时期。

30至40岁之间，人们开始学习（如果一个人有学习能力的话）性欲转换的技巧。这种发现通常是偶然的，而且经常是完全不自觉的。在35到40岁之间，人们可能注意到自己的能力增强了，但在大部分情况下，人们并不清楚这种改变的原因。在30至40岁之间，一个人爱的情感和性的激情自然而然地开始趋于和谐，因此他可以把这些强大的力量结合起来，使之成为一种激励行动的力量。

性本身是一股激励行动的强大动力，但其力量就像飓风一样——经常是无法控制的。但当爱的情绪开始和性的激情融合起来时，其结果就是目标专一、心态稳定、判断准确、身心平衡。一个人到了40岁之后，如果仍然无法体会这些，并以自己的经验进行了证实的话，那真可谓是最大的不幸。

爱、浪漫和性都是能够驱使人们达到成就巅峰的情绪。爱的作用犹如安全阀，它能确保身心平衡、宁静和做出建设性的工作。如果结合在一起，这三种情感就有可能将一个人提升至天才的地位。然而，有一些天才对爱的情感却知之甚少。他们中的大部分人可能最后会从事破坏性的，甚至至少是对他人正义和公平有损的行动。我们可以发现，十几个在工业和金融领域被称为天才的人，都是在无情地践踏他人的权利，他们似乎完全没有良心。情感是一种心态。自然赋予了人类"心理催化剂"，它的原理近似于物质的化学变化。大家都知道，通过化学变化，化学家可以将数种化学成分混合起来，制成致命的毒药，而那些成分如果剂量适当，本身没有一种是有害的。情感也可以这样融合起来，制成致命的毒素。性激情和嫉妒结合时，可能会使人成为丧失理智的野兽。

当人的心中出现一种或数种破坏性情感时，心理的化学变化就会生成一种可能破坏个人正义感的毒素。

在极端的情况下，心理上任何情感的结合都会破坏一个人的理想。

通往天才之路包含了发展、控制以及运用性、爱和浪漫的情感。这一过程大致如下：

鼓励这些情感的出现，让其成为心中的主宰意念，并抑制所有破坏性情感的产生。心理是习惯的产物，它会依赖灌输其中的主宰意念而茁壮成长。通过意志力的作用，人可以抑制任何情感的产生，也可以助长任何情感的产生。通过意志力的作用，控制心理其实并不难。控制来自毅力和习惯，控制的秘诀在于了解转换的过程。任何消极情感出现时，都可以通过改变个人思想的简单过程将它转化为积极或建设性的情感。

要想成为天才，除了通过自我努力之外，别无其他途径！一个人也许可以仅在性的驱动下，到达经济或事业成就的巅峰，但历史的证据充分表明，这些人可能（且通常如此）在性格上具有某些特质，从而剥夺他守住或享受财富的能力。这一点很值得我们分析、考虑与沉思，因为它反映了一个事实，了解这一事实对女性和男性同样有帮助。而正因为不了解这一事实，数以千计的人虽然拥有财富，却失去了享受幸福的权利。

爱和性的情感会在特征上留下它们明确的标志。这些标志都是那么清晰可见，想要看的人都能够发现。人一旦受到性欲的激情风暴的驱使，那么他们会通过其眼神表达和脸部表情向全世界展示这个事实。爱的情感一旦和性的情感结合起来，就会软化、修饰和美化面部表情。不需要表情分析师告诉你，就通过你自己的观察，你也能看得出来。

爱的情感会带来并且发展一个人的艺术天性和审美天性。它会在你的灵魂深处留下烙印，即使这火焰已经随着时间和环境而消逝。

爱的记忆永不会逝去，即使在刺激消失后，这种记忆依然会长久徘徊在心中，指引人并对人产生影响，这是常有的情形。每个被真爱打动过的人都知道，它会在人的心里留下永存的痕迹。爱的影响会长存，因为爱的本质是精神的。得不到爱的激励而无法登上成就高峰的人是没有希望的——他们只是生活在世界上的一具躯壳而已。

即使是爱的回忆，也能够让一个人发挥更高的想象力。爱的主要能量可能会耗尽，就像一团火总有燃烧殆尽的时候，但是它却留下了永不磨灭的痕迹作为存在过的证据。爱的偏离经常让人们准备好接受更伟大的爱。

时常回顾过去，让心沉浸在昔日爱的美好回忆中。它会减轻眼前的忧虑和苦恼，让你暂时逃避不愉快的现实生活，而且也许——谁知道呢？——在回到幻想世界的短暂时光里，你的心灵会给你带来改变人生经济地位或精神地位的构想或计划。

假如你因为自己爱过却又失去爱而觉得不幸，那么要抛弃这种想法。真正爱过的人不可能完全失去爱。爱反复无常，说变就变。有爱时，好好地把握，尽情地享受，但不要担心它会离去，因为担心留不住爱。

也别存有真爱只有一次的念头。爱离开了还会再来，没有一定的次数，但从来没有两份爱会以相同的方式影响一个人。通常，某一份爱的经历会在心中留下较为深刻的记忆。

但所有的爱都是财富，除非一个人在爱离去时变得愤世嫉俗。

假如一个人知道爱和性的差异，就不应也不会对爱失望。两者的主要差异在于爱是精神的，而性是生理的。除非出于无知或嫉妒，否则以精神力量触动人心的体验不可能有害。

无疑，爱是人生最重大的体验。当它与浪漫和性结合时，可以引领人表现出高度的创造性。如果说筑造成就的天才是个三角形，那么爱、性和浪漫情感就是它的三条边。

爱是一种情感，它有多个层面、多种色彩。但在所有的爱当中，最强烈、最炽热的爱是与性融合为一体时的体验。

婚姻中如果没有爱与性和谐产生的亲密感，就不可能幸福，而且很少能够维持下去。如果只有爱，或者只有性，都无法为婚姻带来幸福。这两种美好情感互相融合所产生的婚姻，是世人追求的理想精神境界。

如果能正确理解这一问题的答案，许多婚姻就可以由混乱走向和谐。絮絮叨叨的抱怨以及由此带来的不和谐通常归因于对性缺乏了解。如果爱、浪漫再加上对性激情与功能的正确理解，夫妻之间就会和睦相处。

如果妻子能了解爱、性激情和浪漫之间的真正关系，那么她的丈夫是幸运的。受到这三种神圣组合激励时，没有一种劳动会成为负担，因为此时，即使最低等的劳动形式也是基于爱而产生的。

有一句古老的谚语说：“妻子可以成就一个男人，也可以毁掉一个男人。”但其原因并不清楚。成就和毁灭其实就在于妻子是否了解爱、性和浪漫的情感。

假如一个女人让丈夫对她失去兴趣，而对另外一个女人产生兴趣，通常是因为她对性、爱和浪漫的无知和漠视所导致的。这种说法的前提当然是假设夫妻之间曾经存在过一份真爱。这个事实也适用于让妻子对自己失去兴趣的男人。

已婚者经常为各种琐事争吵不休。假如仔细分析起来，你会发现这些难题的真正原因，就是不了解或不关心爱、性和浪漫等问题。

男人最强大的动力是取悦女人的愿望！文明曙光出现以前的史前时代，猎手之所以要表现杰出，就是想赢得女人的青睐。在这方面，男人的本性从古至今未曾改变。今日的“猎手”带回家的不是野兽的毛皮，而是华服、汽车和财富，以博得女人欢心。现代男人取悦女性的愿望与史前没有区别，唯一改变的是取悦女人的方式。男人之所以要积累财富，获得权势和名誉，主要还是为了满足取悦女性的愿望。如果夺去生命中的女人，再多的财富对大多数男人而言都没有意义。赋予女人成就或毁灭男人能力的，正是男人天生想取悦女人的愿望。

了解男人的本性并巧妙地迎合其需要的女人，无须担心来自其他女人的竞争。男人在和其他男人打交道时，可能是个具有不屈不挠意志力的“巨人”，但他所选的女人却总能轻易地摆布他。

大部分男人不会承认易受自己喜爱的女人影响，因为雄性动物天性喜欢被认为是物种中的强者。此外，聪明女人也会认同这种男子气概，而且明智地对这一点不予争辩。

有些男人知道自己易受女人（妻子、母亲或姐妹）的影响，但他们并不过度反对这种影响力。因为他们很聪明，知道如果没有一个合适的女人对其施加适度的影响，他们就不会快乐，也不完整。认识不到这一重要事实的男人，就失去了取得成就所需的最强大力量。

第　十　二　章

致富第 11 步——潜意识头脑：连接链

任何感觉或思想，无论性质如何，潜意识都会予以接收并分类。

潜意识不分昼夜地工作。潜意识汲取无穷智慧的力量，通过这种力量，利用切合实际的媒介，可以将一个人的愿望转变成对应的实物，最终得以完成。

潜意识的创造性

潜意识由一个意识领域组成，在这个领域内，通过五种感官到达意识的每种意念冲动都会被分类、记录，然后进而被唤醒或产生出思想念头，如同从档案中提取信函一般。

任何感觉或思想，无论性质如何，潜意识都会予以接收并分类。任何你渴望转化为实质或金钱对等物的计划、意念或目的，都可以自动植入潜意识中。潜意识首先对与情感（例如信心）相结合的主导愿望做出回应。

如果同时考虑第二章“愿望”中的6个步骤，以及构筑并执行“组织计划”一章里的要求，你就会明白其中所传达的思想的重要性了。

潜意识不分昼夜地工作。潜意识汲取无穷智慧的力量，通过这种力量，利用切合实际的媒介，可以将一个人的愿望转变成对应的实物，最终得以完成。

你无法完全控制潜意识，但可以依靠自己的意愿将你希望转化为具体形式的计划、愿望或意向传达给它。请将“自我暗示”一章中应用潜意识的要求重读一遍。

潜意识是有限的思想和无限智慧之间的连接，有无数证据可以支持这一论点。它是一个人可以随时汲取无穷智慧力量的中介。它隐藏了身体的冲动是如何被转变成精神的对等物这一过程中的秘密。它，是祈祷可以被传递到回应祈祷源泉的媒介。

潜意识的创造性是巨大且不可估量的，它激励个人的力量非同小可。

每次谈到潜意识时，我总不免自感渺小与卑微，或许这正是人类对此知之甚少的原因。潜意识是连接头脑和无限智慧之间的媒介这一事实，足以让一个人的理性丧失作用。如果接受潜意识存在的事实，了解它可能成为将愿望转化为实质或金钱对等物的一种媒介，你就会了解第二章“愿望”的全部意义，你也会明白为什么要不断地提醒必须清楚自己的愿望以及为何要把它写成文字，你当然也会了解毅力对实行这些指示的必要性。

这 13 项原则就是一些激励物，凭借它们，你就能获取接触与影响潜意识的能力。第一次尝试此做法失败时，千万别气馁。记住，在“信心”一章的指示下，潜意识只有通过习惯才能受到自己的意愿指引。也许目前你还无法建立信心，但只要有耐心、有毅力，一定可以培养出信心。

为培养你的潜意识，在此将重述“信心”和“自我暗示”两章中的许多说法。记住，无论是否努力施加影响，你的潜意识都会自动起作用。这一点自然也是在暗示你，恐惧和贫穷的想法以及所有消极负面的思想也能充当潜意识的刺激物，除非你能掌控这些冲动，并给潜意识提供更适宜的养分。

潜意识不会无所事事！假如由于疏忽，你没有在潜意识中植入愿望，它就会接受任何思想。我们已经说过，意念冲动无论消极还是积极，都不断地通过三种途径（“性转换的神秘”一章提过的）传达给潜意识。

你每天都生活在各种意念冲动中，它们在不知不觉中被不断传递给潜意识。现在，你如果能记得这一点就足够了。这些意念冲动有的消极，有的积极。你现在要努力抑制消极的冲动，并通过积极的愿望冲动自动对潜意识施加影响。

当你做到这一点时，就拥有了开启潜意识之门的钥匙。不只如此，你还会完全控制住这扇门，因而不利的意念就无从影响潜意识。

被创造出来的一切都始于一种思想的冲动。如果没有意念的产生，人创造不出任何东西。在想象力的帮助下，意念冲动可以生成计划。在控制之下，想象力可用来创造计划或目标，引导个人在选择的事业上走向成功。

所有意图转化为实质对等物而自动植入潜意识的意念冲动，都必须通过想象力与信心结合。也就是说，将信心与计划或目标相结合，再传达到潜意识的过程，唯有通过想象力才能完成。

通过这些叙述，你已经注意到，要自觉地利用潜意识，需要协调应用所有原则。

埃拉·惠勒·威尔科克斯（已故），19 世纪末 20 世纪初著名的诗人和作家，当了解了潜意识充满力量的证据后，她这样写道：

你永远不会知道，思想会带给你恨或爱——
因为思考的翅膀，摆动得比信鸽的还要飞快。
它们遵循的是宇宙的法则——
不管有什么从你的大脑中跑出来，
每件事物都会创建其分类，它们会在轨道上加速把你带回来。

威尔科克斯小姐理解了这样一个真相，离开了人们心灵的思想，还是将自己深深埋在了潜意识里，在那里它们就如同一块磁铁、一个模式、一张蓝图，当需要将潜意识转化成对等的现实时，就会受到它们的影响。思想是真实的东西，因为每一种物质的东西都是以思想能量的形式开始的。

七大积极情感与消极情感

与情绪或情感相结合的意念冲动，比单独由理性产生的意念冲动更容易影响潜意识。事实上，“只有被赋予情感的意念，才能对潜意识产生行动的影响力”，对这一理论的例证比比皆是。情绪或情感可以控制大多数人，这是大家所熟知的事实。如果潜意识真的对融合了情绪的意念冲动有较快的回应，也较易受它们影响的话，那么就有必要了解这些重要的情感。主要的积极情感有七种，消极情感也有七种。消极情感会自动注入意念冲动中，而那正是确保意念冲动进入潜意识的通道。积极情感则需通过“自我暗示”原则才能注入个人希望传递给潜意识的意念冲动（有关指示见“自我暗示”一章）。

这些情绪或情感冲动就像面包中的发酵粉，因为它们构成了行动的要素，可将意念冲动由被动转化为主动状态。所以，我们不难理解，与情感相结合的意念冲动会比冷静理智下产生的意念冲动更容易发挥作用。

现在，你正准备影响和控制潜意识的“内在听众”，以便将那种对金钱的愿望传达给潜意识，并且，你希望这种愿望能够转变成相应的现实。因此，你必须了解接近“内在听众”的方式，必须说它能懂的语言，否则它就不会注意到你的召唤。它最了解的语言就是情绪或情感的语言，所以让我们在此列出七种主要积极情感和七种主要消极情感。这样，你在给潜意识下达命令时，就可以利用积极情感而避免消极情感了。

七大积极情感：

愿望

信心

爱

性

热忱

浪漫

希望

当然还有其他情感，但以上这些是最强大的七种，也是创造性工作应用最普遍的七种。掌控这七种情感（唯有通过使用方能掌控它们），然后其他积极情感就会在需要时为你所用。因此，要记住，你正在阅读的这本书会让你心中充满积极情感，帮助你培养金钱意识。如果一个人的头脑中都是消极情感，是不可能培养出金钱意识的。

七大消极情感：

恐惧

嫉妒

怨恨

报复

贪婪

迷信

愤怒

积极情感和消极情感不会同时存在于心，一定只有一种占据主导地位。你有责任让积极情感成为内心的主宰力量，在此能帮助你的是“习惯法则”。你需要养成应用与利用积极情感的习惯，最后它们将完全支配你的内心，将消极情感拒之门外。

只有刻意且持续地遵循这些指示，才能获得掌握潜意识的力量。只要意识中出现一种消极情感，就足以摧毁所有来自潜意识的建设性机会。

如果你是一个观察者，你必须注意到大多数人会在其他一切尝试都失败之后，转而诉诸祈祷！否则他们祈祷的仪式只会充满毫无意义的话。而且，因为大多数人只会在其他一切尝试都失败之后再去祈祷，所以他们在祈祷的时候，心里充满了恐惧和怀疑，这种情绪会被潜意识接收到，并且传递给无限的智慧。同样，无限的智慧接收到这样的情绪，并且会照此行动。

如果你为一件事祷告，但是在祈祷的时候又充满了恐惧，那么你的祷告就不会受到无限智慧的影响，或者你的祈祷就会是徒劳的。

有些时候，祈祷确实能够让一个人所祈求的东西变成现实。如果你曾经有过这样的经验，那么请回想一下你祈祷时的真实的思想状态，那么你肯定知道，这里所说的理论已经不仅仅是一个理论。

总有一天，这个国家的学校和教育机构将会教授祈祷的科学。更有可能的是，那个时候祈祷会成为一门科学。当那一刻来临的时候（只要人类已经准备好了，并且需要它的到来，它就会很快地来临），人们就再也不会以一种恐惧的状态接近宇宙的意识了，理由很简单，那个时候就不会有恐惧这样的情绪了。无知、迷信和空虚的教导都会消失，我们会达到一种孩童获得无限智慧一样的状态。有小部分人已经获得了这种祝福。

如果你认为这样的预言是牵强的，那么请回顾一下人类的历史。

不到 200 年前，人们普遍认为雷电是上帝愤怒的证据，并且很担心它；而现在，多亏了信仰的力量，我们已经开始利用闪电的能量并且将之用于轮胎工业。直到最近，人们还认为行星之间的空间只不过是一个巨大的空洞，是一片虚无的死亡；现在，同样是多亏了信仰的力量，我们知道，行星之间的空间不是死亡也不是空洞，那里是非常活跃的，可能是已知的最高形式的振动，除了思想的振动以外。此外，我们知道，这种生物、脉动和振动的能量能够渗透到物质的每一个原则，填补空间的每一寸空白，将每个人的大脑和其他人的大脑连接起来。

我们有什么理由相信，同样的能量不能连接每个人的大脑和无限的智慧呢？

人类有限的头脑和无限智慧之间没有收费站。所以这种沟通的成本只是需要耐心、信心、毅力、理解力，还有真诚的交流愿望。此外，沟通的方法只有靠每个人自己才能获得。付费的祈祷是毫无价值的，无限的智慧从来没有提供代理业务。你可以直接去沟通，或者也可以干脆不沟通。

你可能会一直购买跟祈祷有关的书籍，并且重复翻阅，但是直到你去世的那一天都不会有用。你想要与无限智慧沟通的想法和愿望必须通过转化，而且只能通过你自己的潜意识来进行。

你和无限智慧沟通的方法，和无线设备传递声音振动的方法相类似。如果你了解广播、电视和手机的工作原理，你就会知道，音频和视频只有被转化成人们的眼睛和耳朵无法辨别的一种振动频率，才能够被接收到。发送站接收到音频和视频信号，会调整它的振动频率到 100 万倍。只有用这种方法，振动才能够被接收到。在这种转变发生之后，接收站才能够传递这种能量，并且会将它们的振动频率调回人们可以看到和听到的程度。

潜意识是中介，能够将个人的祈祷转换成无限智慧可以识别的信息，然后传递信息，并且能够以一个明确的想法或者计划的形式来回应祈祷。明白了这个原则，你就会知道从一本祷告书上得来的文字，从来就不能充当人类思想和无限智慧之间沟通的媒介。

在你的祈祷将达到无穷智慧（仅仅是笔者理论的一种陈述）前，它可能会从原始的思想振动转化为精神的振动。信念是已知的唯一所在，能够给予你的思想一种精神实质。信仰和恐惧是相生相克的，只要其中一种存在，另一种就绝不会出现。

第　十　三　章

致富第 12 步——大脑：思想的发送站和接收站

我们正在进入所有时代中最奇异的时代。这个时代将使我们知道，在我们周围的世界中存在着无形的力量。在我们经历这个时代之际，也许我们将知道，另一个我比我们照镜子时所见的有形的“我”更具有力量。

最伟大的力量是无形的

大约在 40 多年前，笔者与贝尔博士和盖茨博士合作，发现了人的头脑既是思想的“发送站”，又是“接收站”。

和收音机及其他无线电传送的原理相似，每个人的头脑有能力接收从别人的头脑发射出来的思想脑电波。

考虑一下此前章节中的相关陈述以及第六章“想象力”中对创造型想象力的定义，你会发现，创造型想象力就是头脑的“接收器”，它接收从别人的头脑发射出来的思想。它是一个交流中介，人的意识或理性，同人们可能接收到的思想刺激的四个来源就是通过它来连通的。

在受刺激时，也就是加快振动频率时，人的心灵会变得更容易接收通过外在来源而到达心灵的思想脑电波振动。这种加快的过程是靠积极的或消极的情绪而发生的。依靠这些情绪，便可使思想脑电波的频率加快。

人的头脑只能够感知和接收到高频振动的脑电波。而思想就是一种以极高的频率在振动的脑电波。无论是被哪一种主要的情绪刺激或驱动，思想都会比普通的想法的振动频率高很多，就只有这种类型的思想才会通过大脑的发射机制从一个人的头脑传递到另一个人的头脑中。

就强烈的程度和驱动力而言，人的情绪中以性的情绪为首。头脑在受性情绪的刺激后，其活动的速率远比情绪平静或无情绪时快得多。

性转换的结果就是把思想增强到使创造型想象力极易接收意念的

程度，而这意念是从他人那里发出的。另外，头脑在高频率下活动时，它不仅能吸引从别人的头脑所发射出来的思想和意念，还能赋予自己思想和感情，在一个人的潜意识心智接收这些思想并据此行动之前，这种感情是不可缺少的。

因此，你会发现，情绪、感觉和你的想法融合在一起，通过传递的原理到达你的潜意识。

潜意识思想是头脑的“发送站”，通过它，思想的脑电波被播送出去。创造型想象力是“接收器”，通过它，可以接收思想的振动。

潜意识思想的重要因素，以及创造型想象的能力，构成了心理传播的发送和接收器。现在再一起思考一下自我暗示的原则，自我暗示是一个媒介，它可以让你的“发送站”开始运转。

通过第四章“自我暗示”中所提到的那些指导原则，你肯定能够掌握到让愿望转变为相对应的现实的方法。

使你的精神“发送站”进入运转的状态，是一个相对来说比较简单的程序，你心里只要记住三个原则，在你希望使用你的“发送站”时，适时地运用这三个原则：**潜意识心理、创造型想象力、自我暗示**。而如何将这三种原则运用于实际也已经描述过,这一程序是以愿望为开端的。

20 世纪 30 年代的经济大萧条让这个世界见识到了有些力量在无形中发挥着作用。在过去的许多年里，人类太过于依赖自己的身体感官，获得的知识也就限于有形的东西——他所能看见、触摸和衡量其轻重和大小的东西。

现在**我们正在进入所有时代中最奇异的时代。这个时代将使我们知道，在我们周围的世界中存在着无形的力量。在我们经历这个时代之际，也许我们将知道，另一个我比我们照镜子时所见的有形的“我”更具有力量。**

有时，人们谈到无形的东西不免心生轻蔑，因为人们无法通过身体的五种感官察觉到这些东西。但是当我们在讨论无形的东西时，应当提醒自己的是，我们所有人都受到看不见的无形力量的控制。

人类迄今为止仍然没有力量对付与控制海洋中滚滚巨浪所蕴含的无形力量。人类也没有能力去把握这无形的引力，这引力使小小的地球悬在太空中，并使地球上的人不至于坠落。对于控制引力的力量，那是更不了解了。我们所有人都完全屈服于来自大风暴的无形力量，同样，我们面对闪电的无形力量时也是无可奈何的。事实上，我们很多人甚至完全不知道电是什么，它从哪里来，它存在的目的是什么。

就不可见的无形的东西而言，人的无知绝不止于此。人并不了解泥土中所包含的无形力量（和智慧）。这力量供应着人类所吃的每一口食物，所穿的每一件衣服和口袋中所带的每一分钱。

有关大脑的戏剧性故事

最后，同样重要的是，人类虽然吹嘘自己的文化和教育，但对思想（无形力量中的最强者）的无形力量却了解甚少，或者根本不了解。关于有形的头脑能将思想的力量转变为等价物质的极复杂的作用，人类虽然所知有限，但是人类还在进入对此问题有所启蒙的时代。科学家们已开始将他们的注意力集中在研究被称为头脑的这种了不起的功能上，虽然他们的研究还处于“幼儿园”阶段，但是他们已经了解了相当多的知识。应该知道人的头脑中枢，使脑细胞互相联系的路径的数目基本等于“1”后面加上 1500 万个“0”。

芝加哥大学的赫利克博士说，这个数字太惊人了，几亿光年的天文数字和它比较，也变得微不足道。

已经被判定的一个事实是，人脑的表皮层中有100亿到140亿个神经细胞，并且我们知道它们的排列是有确定的形态的。这些排列并不是乱糟糟的，而是有秩序的。最近发展的电气生理学的方法，从位置极精确的细胞或纤维中用微电极吸引行动电流，用真空管将这些电流放大，所测得的电位差可达 $1/10^7$ 伏特。

这样复杂的机能组织的存在，却只是为了维持身体成长的生理功能，实在是令人难以置信。那么，这个能使上百亿脑细胞具有相互沟通媒介的系统，有没有可能提供一种与其他无形力量沟通的工具呢?

在20世纪30年代，《纽约时报》曾刊出一篇社论，显示出至少有一所大学和一位精神现象的研究员，正在进行一项有组织的研究，这项研究得出的结论跟本章和下一章中所阐述的在许多地方都是相同的。这篇社论简单地分析了莱因教授与他的同事在杜克大学所做的工作。

什么是“心灵感应”?

一个月前，在本报社论栏那一页上，我们刊出了杜克大学的莱因教授和他的同事们，曾经努力从数十万次实验中判定“心灵感应”或“千里眼”是否存在。他们在《哈波斯杂志》上发表了两篇文章，第一篇是对成果的概述。在现在刊出的第二篇中，笔者赖特对这些“超感觉”的感受，试图就我们已经知道的或看似合理的结论做出总结归纳。

由于莱因教授的这些实验，现在有些科学家似乎认为，“心灵感应”和“千里眼”存在的可能性极大。各类接受实验的人，在不能看牌也不能用其他任何感官接触这些牌的情况下，被要求说出一副牌里有什么牌。

这个实验发现，大概有 60 人能够正确地说出许多张牌。如果他们只是在凭运气瞎猜，连 $1/10^{12}$ 猜中的机会都不会有。

但他们是如何做到的？假定这些力量存在的话，那么它们似乎并不是感官的，因为这些力量并没透过既知的器官产生作用。这些实验在数百英里外的地方进行，同在室内进行的一样有效。赖特认为，这些事实也使人倾向于从物质的放射理论去解释“心灵感应”和“千里眼”现象。既知的各种放射能，放射的距离平方越大，其能量就会变得越弱。“心灵感应”和“千里眼”却不会变弱。但是出于身体的原因（正如同身体状况会影响其他精神力量一样），“心灵感应”与“千里眼”在程度上存在不同。与普通的说法正好相反，受试者在熟睡或半睡的状态时，他们的这种能力并不会增强，相反，在他们清醒和警觉时，这种能力却可以得到改善。莱因发现，使用麻醉品会千篇一律地使受试者的成绩降低，而使用刺激剂时，却能普遍提高其成绩。除非最可靠的受试者能尽力而为，否则他们的成绩显然不会很高。

赖特最有信心的另一个结论是，认为“心灵感应”与“千里眼”事实上是同一种天赋。也就是说，能够“看得见”扣在桌子上某张牌的能力和能够“知道”别人心里的思想的能力几乎是完全一样的。有几点理由可以证明这个事实。例如，到目前为止，发现凡是有其中一种能力的，必有另一种能力，而这两种能力的强度几乎完全相等。帘子、墙壁、距离等均不能阻碍这些能力。赖特以此得出结论，并表明他的意见说，其他的超感觉经验、先知的梦、灾祸的预感等，也许可以证明为同一种能力的组成部分。本文并不要求读者接受这些结论中的任何一种，除非读者觉得有承认的必要，但是莱因所累积的证据仍然使人印象深刻。

关于心灵反应，莱因博士所谓的“超感觉”感应，我和我的助理曾就他所说的各种论点做过实验，证明在理想的情况下，可以刺激我们的头脑，使人们的第六感（下一章中会谈到）能够在实际的情形下发生作用。

我所说的理想情况，是指我与我的两位助理间密切的工作关系而言。凭借实验与实践，我们发现了如何刺激我们的心灵（应用的是“看不见的顾问”的原则，详见下一章所述），使我们三个人的心灵能合而为一，以共同找出读者所关心的各种关于个人问题的答案。

这个程序是简单的。我们坐在会议桌旁，明确地说明我们所要考虑的问题的性质，然后开始讨论，每个人都把想法提出来。奇怪的是，参加会议的每个人都能因此与他们经验之外的不明来源的知识相沟通。

如果你已了解“智囊团”一章中所述的原则，那么，你当然会认识到此处所说的圆桌会议方法是智囊团原则的实际应用。

这种在三个人之间，借着对明确主题的和谐讨论来刺激心智的方法，是智囊团原则最简单与最实际的应用。

采用与遵照一个类似的智囊团计划，学哲学的学生都可掌握本书序言中所概述的卡内基的著名公式。如果此时它对你仍无意义，则可在本页上做一个记号，等你读完最后一章，再来重读。

第 十 四 章

致富第 13 步——第六感：智慧殿堂之门

第六感就是潜意识中被称为创造型想象力的那部分。它同时还被认为是一种接收装置，用来接收那些突然闪现到脑海中的创意、计划和想法。

借助第六感，对即将发生的危险，你将会及时得到警示，从而将其规避，并且在机遇到来时，你也能够感知并抓住它。

第六感：创造型想象力

第 13 个法则就是人们常说的第六感，人类的第六感能够在没有任何主观驱使或需求下进行自由的沟通，我们有理由相信这里面也许蕴藏着无限的潜能。

这个法则是这套方法论的巅峰。只有在掌握了其他 12 个法则之后，这个法则才有可能被接受、理解以及应用。

第六感就是潜意识中被称为创造型想象力的那部分。它同时还被认为是一种接收装置，用来接收那些突然闪现到脑海中的创意、计划和想法。这种灵光一闪的情形有时也被称为预感或灵感。

第六感是一种很难形容的东西！尤其是向尚未掌握该方法论其他法则的人进行描述，因为这类人没有相应的知识和经验能够和第六感进行呼应。只有通过内心深处的活动去沉思、冥想，才能对第六感有所感悟。第六感也许是某种介于有限的个人思想和无限智能之间的交互中介，正因如此，它是个人心理和精神上的结合。同时第六感也被认为可以支持“个人智慧能够与宇宙智慧相沟通”这一观点。

当你掌握了本书中所描述的所有法则后，你应该已经做好准备并能够认同这里面的每一个论点的真实性，否则你会觉得它不可思议。

借助第六感，对即将发生的危险，你将会及时得到警示，从而将其规避，并且在机遇到来时，你也能够感知并抓住它。

当警示来临时，尽管做出你的选择，不要犹豫。随着第六感的发展和不断强化，它将作为“护卫天使”始终陪伴在你的身旁，为你打开通往智慧殿堂的大门。

想要知道这是不是真理，你只有跟随、遵守本书中的指引或按照相近的方法流程去做，否则你永远也不会知道。

笔者既不是奇迹的信奉者，也不是奇迹的鼓吹者，因为笔者对自然界有足够的了解，以至于明白大自然从来不会偏离她的既定法则。这其中有一些法则是那么难以理解，以至于产生了一些表面上看起来像奇迹的假象。在我所经历过的所有事情中，第六感算是最接近奇迹的事物了，正如它所表现的那样。之所以说它像奇迹，是因为我无法明白它运转背后的机制。

笔者所知道的是，有一种能量或者说一种原动力、智能，渗透在每种物质的原子之中，并且拥抱着人们所感受到的每种能量。正是这种无穷的能量使得橡树种子可以成长为橡树，泉水由于重力法则从山上流下，四季更迭，日夜交替，万物各得其所，相得益彰。运用这一哲学规律，愿望就可以转化为具体或实际形态。笔者能够有这样的认识是因为他实验并且经历过。

通过前面的章节一步步地把你引导到了这里：最后一个法则。如果你已经掌握并领悟了前面所有的法则，那么你现在就要做好准备且不带任何怀疑地去接受下面将要给出的这个惊人的观点了。当然如果你还没有领悟其他法则，那么你将无法清晰辨别以下这个观点是事实还是小说中的情节。

当我还处于英雄崇拜的年纪的时候，我发现我会有意识地去模仿那些我崇拜的人。不仅如此，我还发现了信念这个东西，努力模仿我的偶像所依靠的信念使得我能够如此成功地去模仿他们。

我从来没有完全摆脱掉这种英雄崇拜的情结，即使我已经到了本该放弃这种情结的年纪。我的经验告诉我，如果无法成为真正的伟人，那么最好的方法就是从感觉和行为上尽可能地去模仿伟人。

早在我公开发表作品或努力想要在众人面前发表演说之前，我就养成了一个习惯，试着通过模仿 9 个在人生意义或成就上让我印象最深刻的人来重塑自己的性格。这 9 个人是爱默生、潘恩、爱迪生、达尔文、林肯、伯班克、拿破仑、福特和卡内基。在几年的时间里，我每晚都和这些我所谓的“隐形人生顾问”展开遐想中的会议。

过程是这样的：晚上睡觉之前，我会闭上眼睛，在脑海中想象我和这群伟人一起围坐在会议桌前。在这里我不仅能够有机会坐在这些伟人当中，同时还作为这个组织的主席实际领导着这群人。

在每一次进行我的这些遐想会议之前，我都有一个明确的目标，那就是要重塑自己的性格，让自己的性格变为这群隐形人生顾问个性的结合体。正如我很早就认识到的，我必须要打破无知和迷信环境所形成的枷锁，所以我有意通过上述方法以求重塑自我。

通过自我暗示塑造个性

作为一名热衷于心理学的学生，我当然明白，任何人之所以成为他们现在的样子都是由他们自身主导的思想和愿望所决定的。我知道每一个存在于内心深处的愿望都会驱使人们寻求向外倾诉，这些愿望也许被转化成了现实。同时我也了解自我暗示在塑造个性中扮演着举足轻重的角色，事实上，它也是塑造个性的唯一法则。

通过认知了解到心理运作的这些法则后，我已经完全知晓了重塑我的个性所需的一切信息。在我所召开的遐想会议中，我向我的会议成员们诉说了从每个人身上想要得到的特性，用语言表达如下：

爱默生先生，我渴望从你那里获得了解自然的神奇力量，它曾使你的一生如此杰出不凡。我要求你将你所拥有的所有品质，也就是那些让你能够了解并适应自然法则的品质，传递给我的潜意识。

伯班克先生，我渴望拥有你那能够与自然法则如此协调一致的能力。它能够使仙人掌除去尖刺，成为可食用的东西。告诉我你是如何使一棵只能长一片叶子的草如今却长出了两片，又是如何让你将花朵的颜色进行糅合从而使其变得更加光彩亮丽，独自成功地装饰了百合花。

拿破仑，我想要从你那里获取你那通过竞争可以鼓舞他人的神奇能力，通过它去激发、激励出人身上更强大、更坚定的行动精神。同时，我还想获取你那永久自信的精神，正是这种精神让你在战争中能够克服重重障碍并最终反败为胜。命运之主，机会之王，人生赢家，我敬佩你！

潘恩先生，我渴望从你那里获得思想上的解放以及用来表达见解的勇气和清晰思维，正是它们让你如此卓尔不凡。

达尔文先生，我希望从你那里获得你那非凡的耐心以及你在自然科学领域中通过清楚示例来客观公正地研究因果关系的能力。

林肯先生，我希望在自己的个性塑造中加入你那特有的强烈正义感、永不疲倦的耐性、幽默感以及对人的理解与宽容，也正是这些让你成了一个与众不同的伟人。

卡内基先生，在我的事业中，我已经受惠于你的伟大工作，它们给我带来巨大的幸福感和内心的平静。我希望从你那里彻底了解你用来有效建立庞大工业企业的各项组织原则。

福特先生，你是这其中对我帮助最大的人，你提供的许多资料都对我的工作起到了至关重要的作用。我希望获得你那不屈不挠的精神、决心、镇静和自信心，这些品质使得你能战胜贫困，组织、团结和简化人类的工作，因此我也许可以通过帮助他人来追随你的足迹前进。

爱迪生先生，你坐在我右边，是离我最近的，这是因为你给予我的个人合作机会成为了我的研究成败与否的关键。我希望从你那里获得用来揭示无数自然奥秘的伟大信念。你那不懈的精神使得你经常能够从一次次的失败中吸取经验并最终取得成功。

根据我当时的性格特质以及我最想获得的个性特质，我对遐想会议中的成员们的说话方式会有所差别。我非常认真地研究学习过他们的生平。在这种模式下经过了几个月时间，我惊异地发现这些遐想中的人物竟然变得活灵活现。

这 9 个人每一个都有着独特的个性特质，这让我感到惊讶。例如，林肯养成了经常迟到的习惯，并且每次迟到都伴随着沉稳的步伐。他每次来的时候都走得很慢，双手紧握放在背后，而且有时候他会走到我身边停下来，松开双手突然放到我的肩膀上。他总是一副很严肃的表情，我很少看到他笑。对这个分裂的国家的担忧让他开心不起来。

其他几位可就不同了。伯班克和潘恩经常沉浸在他们机智的对话中，那些话有时也似乎让其他阁员感到震惊。有一天晚上，潘恩建议我准备一个关于“理性时代”的演讲，并将它放到我之前参加的一个教堂的讲道中去。在场的许多人在听到这个建议后哄堂大笑。“不要！”他歪着嘴大声地抱怨，这使得所有人都惊讶地看着他。对他来说，教堂不过是改革前的政府的缩影，但作为一个煽动人们参加大型活动的地方来说还是很方便的。

有一回，伯班克迟到了。他来的时候兴高采烈，并解释他是因为一项正在进行中的实验才迟到的。他希望通过这项实验使任何一种树都能长出苹果来。听完这话，潘恩讥讽他说，男人女人之间的所有麻烦都是从苹果开始的。达尔文在一旁窃笑，并建议潘恩去森林采集苹果时要特别小心小蛇，因为它们终会长成大蛇。爱默生说道：“没有蛇就没有苹果！”拿破仑紧接着说道：“没有苹果就没有国家！”

林肯养成了每次会议都是最后离开的习惯。有一次会议，他斜靠在桌边，双臂合抱，保持了这个姿势数分钟，我也不想去打扰他。最后，他慢慢地抬起了头并起身走向门口，转身，再走回来，手放在我的肩上，说道：“我的孩子，如果你继续坚定不移地追求你的目标，那么你将需要更大的勇气。但记住，当困难占据了你前进的道路时，这逆境会让你在面对将来时变得更有勇气！这是常识。”

有一天晚上，林肯来得比其他人都要早，他走了过来并坐在了我的左边，这个位置通常是爱默生坐的。他说：“你命中注定要见证关于生命奇迹的伟大探索，当时机到来时，你将看到生命是由一种巨大的能量或者实体组成，每一个都如人们所认为的那样充满智慧。这些生命单位像蜂巢里的蜜蜂一样聚集在一起，直到它们由于彼此之间无法再和谐相处而瓦解分离。它们就像人类一样对事物都拥有不同的看法，彼此之间也经常斗争。你正在进行的这些会议将会对你有非常大的帮助，它会唤醒你生命中的某些元素，这些元素或多或少地都会给予你的会议成员以帮助。同时它们还是永恒的，它们不会消失！你的自身想法和渴望会像磁铁一样将它们从浩瀚的生命海洋中吸引过来，只有那些友善的、同你的渴望在本质上产生共鸣的元素才会被吸引过来。”

之后内阁其他成员陆续进入会议室。爱迪生起身后缓慢地走向他的座位，他还是像这一切刚开始时那样生活着。有一次我去看望他并告诉他我的这些经历，那一幕至今让我无法忘怀。他笑容满面地说道：“你的这些梦境远比你认为的要真实得多。”对于这句话，他没有进行更深入的解释。

这些会议变得如此真实，以至于让我对其可能产生的后果感到恐惧，为此我停止了这项活动达数月之久。这种经历是如此怪诞，让我担心如果继续这样下去，我会看不清事实，因为这些会议纯粹只是我自己的想象而已。

在我停止这项活动 6 个月后的某天晚上，我从睡梦中惊醒，又或者是我的幻觉，我看见林肯站在我的床边。他说："这个世界很快会需要你，它将要度过一段混乱的时期，在这期间，人们将因失去信念而变得惊恐万分。继续你的工作并完成你的方法论吧，这是你的天职。如果你放弃了，无论是什么原因导致的，你都将会回到你的原始状态，被迫追溯数千年来人类经历的循环。"

第二天早上，我也不知道前一晚的这一切是梦境还是真实的，直到现在我也不明白，但我能够确认的是，这个梦在脑海中感觉是如此的真切。接下来的那天晚上我又恢复了我的遐想会议。

在下一次会议中，我的所有内阁成员一起走进会议室，站在他们平常所坐的位置前。这时林肯举起杯子说道："先生们，让我们为我们的朋友回归干杯！"

在那之后，我开始陆续地在我们的会议中添加新成员，到现在已经有超过 50 名成员，他们有耶稣、圣保罗、伽利略、哥白尼、亚里士多德、柏拉图、苏格拉底、荷马、伏尔泰、布鲁诺、斯宾诺莎、德拉蒙德、康德、叔本华、牛顿、孔子、阿尔伯特·哈伯德、布兰、英格索尔、威尔逊和威廉·詹姆斯。

这是我第一次鼓足勇气谈起这件事情。在这之前，我一直对此保持沉默，因为从我自身对它们的态度而言，我的这些非凡经历定会被人误解。但是现在我已经鼓起勇气将这些亲身经历归纳成文字呈现给世人，因为我已不像以往那样在意他人的言论。成熟的好处之一就是它会给你勇气让你变得真诚，无论那些不理解的人怎么想或如何议论。

为避免被人误解，我希望在此郑重强调，我承认我的内阁会议纯粹是我个人的遐想。但是我必须说明，也许我的内阁成员纯粹是虚构的，那些会议也只是存在于我的个人遐想之中，但它们却真实地带领我走上了辉煌的进取之路，复燃了我对伟大事业的向往，激发了我的创造性，并且让我有了表达真实想法的勇气。

在大脑细胞结构中的某处存在着一个接收思想脑电波（一般称为“预感”）的器官。科学家至今还未发现这个第六感官位于何处，但这并不重要。事实是人类的确可以通过身体感官之外的渠道来接收准确的信息。通常，当大脑受到特定的刺激时，这些信息就能够被接收到。任何能够使人兴奋或心跳加速的紧急状态，通常都会激活第六感使之变得活跃起来。驾驶员应该都明白，在快要发生车祸的千钧一发之际，第六感总会及时出现，帮助你及时避免事故发生。

下面我要讲一个初步的事实，在我同我的“隐形人生顾问”召开会议的过程中，我发现我的大脑在这个时候最容易接收那些来自第六感的灵感、想法和信息。所以我可以深信不疑地说，都是因为我的这些“隐形人生顾问”，我才能够获得启发，从而得到这些灵感、事实和知识。

当我数十次面对紧急状况（有些甚至危及我的性命）时，在我的“隐形人生顾问”的指引下，我都奇迹般地渡过了难关。

同虚拟人物进行虚拟会议的初衷只是想借助自我暗示原则，让潜意识明白我想要的确切特性是什么。最近几年，我的这项实验已经开始走向完全不同的方向了。现在，只要一有困扰我和客户的难题出现，我就会去请教我的虚拟顾问。虽然我并不完全依靠这种方式来克服困难，但它的确有着惊人的效果。

当然，你已经发现这章所讲述的东西对大多数人而言都比较陌生。第六感会给那些想要积累巨大财富的人非常大的帮助，但是对那些无欲无求的人来说，没有必要对第六感有过多的在意。

亨利·福特坚定不移地相信第六感并将其运用到实际中去。他庞大的商业和金融运营事业使得他必须明白和运用这个法则。托马斯·爱迪生则是将第六感运用到同发明创造的联系中去了，特别是那些基础的发明，与那些目前尚未有人涉及并且没有相关资料能够引领他的领域有关，正如他当年研究出留声机和电影放映机一样。

几乎所有的伟大领袖，例如拿破仑、圣女贞德、耶稣、释迦牟尼、孔子和穆罕默德，都明白甚至一直在实际运用第六感理论。他们所创造出的大部分智慧都与这个理论有着不可分割的联系。

第六感不是人们可以随意取舍的东西。想要运用这种强大的力量是通过掌握运用本书中所述的其他各项原则而逐渐实现的。很少有人可以在 40 岁之前将其理解并转化成为现实当中可行的知识，而想要熟练地应用它则需要在至少 50 岁之后。也正是如此，像第六感这种类似于精神力量的能量，只有经过多年的冥想、自我审视和不断地思考才会变得成熟可行。

无论你是谁，怀着何种目的阅读此书，即使你不明白本章节，也一样能从中获益。假如你的主要目的是积累金钱财富或其他事物，那么情况尤为如此。

关于“第六感”这一章为何包含在本书内容之中，是因为本书的宗旨是提供一套完善的方法论，让每一个人可以用来正确地指引自己去追求人生中想要的东西。任何成就都是由渴望成功开始的，终极目标则是寻求一种领悟，引领你去认识——认识自我，认识他人，认识自然规律，认识和理解幸福。

只有当你深刻理解并运用了第六感法则，你对它的了解和认识才会日臻完善，所以这部分必须作为整个方法论的一部分，为了那些不只是想要获取金钱财富的人所考虑。

读完本章后，你肯定已经感觉到自己的心灵受到了深层次的激发和刺激。这非常好！试着一个月后重温本章节，你会感觉自己的心灵受到更深层次的刺激。要时常重复这一过程，不要在意自己此时理解多少，到最后你会发现自己拥有了一种能量，这种能量使你能够走出挫折，驾驭恐惧，克服拖延的习惯并自由地发挥、运用你的想象力。届时，你就应该能够感受到那股驱动着每一位伟大的思想家、领袖、音乐家、作家和政治家走向成功的未知力量了。届时，你就能够随心所欲地将你的渴望化为现实或与其对应的经济对等物，可能就和你现在一遇到困难就选择逃避一样简单。

第 十 五 章

清理致富的大脑——如何战胜六大恐惧

本章的目的主要是分析六种基本恐惧的原因和补救方法。在征服“敌人”之前，我们必须知道它的名称、特性和所在的位置。阅读时，请仔细分析一下自己，并检查这六种常见的恐惧中是不是有哪种附在你的身上。

找出成功路上的“拦路虎”

在成功运用本哲学的任何部分之前，必须做好接受它的准备。准备工作并不难，首先要研究、分析和认识必须除掉的三个“敌人”：**犹豫、怀疑和恐惧。**

只要头脑中有这三种或其中任何一种消极情感存在，第六感就无法发挥作用。这三种邪恶的情感紧密相连，找到一种，另外两种也就近在咫尺了。

犹豫是恐惧的幼苗！读本书时请记住这一点。犹豫会变成怀疑，两者结合在一起就是恐惧！结合的过程通常是缓慢的，这也是这三个“敌人”非常危险的原因之一。在你还没有发觉的时候，它们会逐渐发芽、生长。

本章讲述的就是在实际运用整套哲学前，必须首先实现的目标；还分析了导致许多人贫困的情形，也讲述了所有致富者需要了解的一个事实。这种财富可以是金钱，还可能是价值胜过金钱的心态。

本章的目的主要是分析六种基本恐惧的原因和补救方法。在征服“敌人”之前，我们必须知道它的名称、特性和所在的位置。阅读时，请仔细分析一下自己，并检查这六种常见的恐惧中是不是有哪种附在你的身上。

不要被这些狡猾敌人的特性所欺骗。有时候，它们会隐藏于潜意识中，使你很难找到它们的位置，更难除掉它们。

六种基本恐惧

基本恐惧有六种，每个人总有一些时候会受到其中几种恐惧的困扰。大多数人是幸运的，因为他们没有一齐遭受全部六种恐惧的困扰。按照最常见的顺序排列，这六种恐惧是：

恐惧贫穷

恐惧批评

恐惧病痛

恐惧失去爱情

恐惧年老

恐惧死亡

其他所有的恐惧都比不上这六种，所以都可以归结于这六种分类之下。

这些恐惧，就像是对世界的诅咒一样，一直在循环往复地运转着。在经济大萧条这将近六年的时间里，我们在恐惧贫穷的怪圈里裹足不前。当世界处于战争中或者恐怖袭击的时候，我们就会落入恐惧死亡的怪圈里。就连在繁荣与和平时期，我们也会陷入病痛的恐惧中，这也已经被很多繁衍能力超强的传染病所证明。恐惧其实不过是一种心理状态，而一个人的心态是可以控制和加以引导的。因为没有恐惧或者犹豫的心理，医生每天都要接触各种各样的传染病人，但是从来不会被感染。他们对疾病的免疫力，和他们对疾病没有恐惧心理有很大关系。如果不经过意念冲动形式的构思，人就不可能有任何创造。此后，还有一个更重要的说法，那就是：人的意念冲动，不管是自觉的，还是不自觉的，都会很快转化为它的实质对等物。俯拾偶得的意念冲动，也就是他人头脑中释放出来的意念，与有目的、有计划的个人意念一样，也能决定一个人的经济、商业、职业或社会命运。

很多人不明白为什么有些人似乎就比较幸运，而有些在能力、教育背景、经历和智力等方面与之相当甚至更优越的人，则似乎注定伴随着不幸，这是一个重要的事实。

有种说法或许可以解释这个事实，即每个人都有能力控制自己的意志，而借助这种控制力，很显然每个人都有可能敞开心胸，接收由他人脑中释放出来的游移不定的意念冲动，也可以紧闭心门，只接收自己选择的意念冲动。

人与生俱来就能绝对控制的东西只有意念。这个事实和“人的创造始于意念”的事实结合起来，就能使人十分接近控制恐惧的原则。

假如所有的意念真的都有以实质对等物来表现自己的倾向（这的确是不容怀疑的事实），那么恐惧和贫穷的意念冲动也就真的无法化为勇气和经济利益。

恐惧贫穷

贫穷和财富之间没有折中！通往贫穷和财富的路背道而驰。假如你想要财富，就必须拒绝接受任何导致贫穷的环境（此处使用的“财富”一词是最广义的解释，它指的是经济、精神、心理和物质的资产）。通往财富之路的起点，就是愿望。在第一章中，你已经知道了如何正确使用愿望。而谈论“恐惧”的这一章则彻底地教你做好实际应用愿望的心理准备。

那么，这里就给你提出一个挑战，让你准确测定自己对本哲学了解多少。这也正是你可以成为先知，且能准确预知未来的关键。如果读了本章后，你愿意接受贫穷，你当然可以下决心接受贫穷。这只是一个必须要做出的选择。

假如你想要的是财富，那么你要决定是何种财富以及多少财富才能令你满足。你已经知道了通往财富之路，也得到了路线图，如果你循着路线图前进，就不会迷路。假如你踌躇不前或浅尝辄止，那么你自己就难辞其咎，这是你的责任。假如你现在无力要求或拒绝要求人生的财富，那么你更没有借口逃避责任，因为接受财富只需一样东西——心态。心态是个人表现出来的东西，它无法用金钱购买，必须由你创造出来。

恐惧贫穷是一种心态，仅此而已！但它足以毁掉个人在所有工作中的成功机会。这种恐惧会摧毁人的理性，破坏想象力，扼杀自立，侵蚀热情，挫伤进取心，导致目标摇摆不定，助长惰性，使人无法自制；它使人失去个性中的吸引力，破坏准确思考的能力，转移专注力；它会控制毅力，使意志力荡然无存，毁掉抱负，混淆记忆，并以各种可能的方式招来失败；它扼杀爱，破坏心中的美好情感，阻挠友谊并引来各种各样的灾难，导致失眠、悲伤与不幸。尽管事实上我们所居住的世界充斥着我们渴望得到的东西，而且除了缺乏明确目标之外，没有任何东西会横阻在我们与愿望之间，但是以上不幸仍会发生。

无疑，恐惧贫穷是六种基本恐惧中最具破坏性的一种，它高居榜首，因为它是最难控制的。对贫穷的恐惧源自人类与生俱来、在经济上掠夺同伴的倾向。几乎所有比人类低等的动物都受本能驱使，但由于它们的思考能力有限，因此它们只会在肉体上彼此掠夺。人由于具备较优越的直觉，有思考和推理能力，不会猎食同类，而是从经济上“吞食”同类从而获得更大的满足。由于人类如此贪婪，所以才会通过各种可能的法律手段来保护自己免受同类的威胁。

最能带给人类痛苦和屈辱的莫过于贫穷了！只有体验过贫穷的人才能充分理解它的全部含义。

也难怪有人害怕贫穷。通过世世代代的经验，人类已经确信，有些人不可信任，而金钱物质和财产才是值得看重的。

人类如此渴望获得财富，因此会想方设法地去获得，如果可能就使用合法手段，如果必要或方便，也会采用其他方式。

自我剖析可能会揭露个人不愿承认的弱点。对任何不甘于平庸和贫穷的人，这种审视是必要的。请记住，在一点一滴地审视自己时，你既是法官，也是陪审团，既是检察官，也是辩护律师，既是原告，也是被告，而且，接受审判的也是你。公正地面对事实，向自己提出明确的问题，要求自己立即做出回答，审视结束后，你将更了解自己。如果你觉得在这项审视中自己无法做一位公正的法官,那么在询问自己的时候，请一个深入了解你的人担任法官。你要得到的是真实情况，无论要付出什么代价，即使会暂时令你窘迫，也要得到实情。

如果问及最怕什么时，大多数人都会回答："我什么都不怕。"这个回答并不正确，因为很少有人知道，由于某种恐惧，人的精神和肉体会受到束缚、阻碍和打击。由于恐惧情绪非常狡猾与隐蔽，个人可能一生背负着它却毫无察觉。只有勇敢地分析才能使人类这个共同的敌人现出原形。开始分析时，要从性格深处去探寻。以下列举了你应该探寻的症状。

恐惧贫穷的症状：

1. 凡事漠不关心。通常的表现是缺乏抱负，情愿忍受贫穷，毫无异议地接受生活提供的任何报酬，心理和生理上的怠惰，缺乏主动性、想象力、热情和自制力。

2. 犹豫不决。容许他人代替自己思考。总是持观望态度。

3. 怀疑。通常的表现是故意掩饰个人的失败或寻找借口，有时表现为嫉妒或批评别人的成功。

4. 焦虑。通常表现为对他人吹毛求疵，喜欢透支挥霍，忽视个人形象，习惯蹙额皱眉，过度饮酒甚至吸毒，神经质，躁动，羞怯，缺乏独立意识。

5. 过度谨慎。喜欢探究所有的消极负面情况，不注重寻找成功的方法，反而考虑和谈论可能会有的失败。熟悉每条通往灾祸的途径，却从不寻求避免失败的计划。总在等待将构想和计划付诸行动的适当时机，结果等待成了永久的习惯。只记得那些失败者，而忘了成功者。只看到面包圈中间的空洞，却忽略了面包圈本身。

6. 拖拉。习惯将早就该做的事拖到明天去做，将足以完成工作的时间花费在编造借口上。这种症状与过度谨慎、怀疑、焦虑有密切的关系。只要能逃避，就拒绝承担责任。宁可妥协，不愿奋斗，不把困难当成进步的踏板，却向困难低头。向生活索求蝇头小利，而不放眼成功、机会、财富、满足和幸福。不肯破釜沉舟、勇往直前，却总是盘算着如何面对失败。缺乏或完全没有自信心、明确的目标、自制力、动机、热情、抱负、节俭意识和健全的推理能力。不要求财富，却期待贫穷。与安于贫穷的人为伍，而不试图结交要求并获得财富的人。

恐惧批评

人最初是如何产生这种恐惧的，没人能说清楚，但有一点可以确定——它是高于一般形式的恐惧。

笔者倾向于认为恐惧批评属于人类与生俱来的天性的一部分，这一点使他不仅夺走同胞的物品，还批评同胞的人格，从而使自己的行为合理化。众所周知，小偷会批评被盗者，政客不是通过展现自己的美德和才华，而是通过诋毁对手的名誉而获得职位。

聪明的服装业者会毫不迟疑地利用人们这种对批评的恐惧，而这种恐惧正是人类的通病。所以，每个季节的服装款式都在变化。是谁决定着这些款式呢？当然不是服装购买者，而是生产者。生产者为什么经常变换款式呢？答案很明显，变换款式的目的是卖掉更多衣服。

出于同样的目的，汽车厂商每个季度也更换车型。没人不想开上最新款式的汽车。

恐惧批评会剥夺人们的主动性，摧毁其想象力，限制其个性，夺走其自立能力，并以各种可能的方式害人。父母经常批评孩子，从而给孩子造成无法弥补的伤害。我有一位童年好友，他的母亲几乎每天都要打他，打完后总说："到不了 20 岁，你就得进劳教所。"结果他在 17 岁那年进了劳教所。

批评是人们做得太多的一件事。每个人总有一大堆的批评，无论别人接受与否，他们都会免费奉送。最亲近的人经常就是最爱批评的人。任何家长如果通过不必要的批评而使孩子心中产生自卑，就应被视为一种罪过（事实上它是情节最严重的一种罪过）。善解人意的雇主会凭借建设性建议而非批评，来挖掘员工的最大潜力，父母也可在孩子身上获得同样的效果。批评会在心中种植恐惧或憎恨，而不会建立爱心和关怀。

恐惧病痛

这项恐惧可追溯到身体和社会的遗传特性。它的根源和恐惧年老、恐惧死亡的理由密切相关，因为它会把人带到"恐怖世界"的边缘。人类对这个世界一无所知，对它的认识只是通过一些令人不快的故事。同时，一种相当普遍的看法是，某些不道德的人，通过提醒人们对病痛的恐惧而从事“出售健康”的生意。

主要说来，人害怕病痛是因为心中对死亡可能带来的后果产生了恐怖印象。此外，病痛可能带来的经济负担也是令人恐惧的原因。

一位颇具声誉的内科医生估计，在所有寻求医生专业服务的人当中，75% 的人患的是忧郁症（即假想的疾病）。可靠的事实显示，对病痛的恐惧，即使毫无理由，身体也经常会产生所害怕疾病的症状。人类的心理作用真是强大而有力！它既可以成事，也可以败事。

数年前进行的一连串实验证实，暗示可以使人生病。我们的实验是请三个熟人拜访“受害者”，并让他们分别问这个问题：“你怎么了？你看起来病得很严重啊。”实验对象对第一个发问者通常会笑一笑，若无其事地说：“哦，没事，我很好。”第二个发问者得到的答案通常是：“我也不太清楚，但我真觉得很不舒服。”回答第三个发问者时，实验对象通常会坦白承认自己真的病了。

假如你不相信这会令人不适的话，可以找个熟人试一下，但不要过火。有一个教派的会员就是以巫术来报复敌人，他们称之为在受害者身上“下咒”，因为他们相信这种咒语是真的，他们确实会生病，而且通常会死亡。

有大量证据显示，疾病有时始于消极的意念冲动。这种冲动可以通过暗示由一个人传给另外一个人，或者从一个人的内心产生出来。

记得有个人曾说：“别人问我怎么了时，我总想回敬他一拳。”这个人显然比上述案例中的人更聪明。医生有时会将病人安置在对其健康有益的新环境中，因为“心理态度”的改变是必要的。恐惧病痛的种子埋在每个人心中。焦虑、恐惧、沮丧、情场与事业失意，都会促使这颗种子萌芽、生长。

恐惧失去爱情

这项与生俱来的恐惧显然源于男人有“窃取”他人之妻的多妻习性以及只要有可能就想轻薄女人的习性。

嫉妒和其他类似的精神疾病产生于人类天生对失去某人之爱的恐惧。这种恐惧是六种恐惧中最痛苦的，它比其他几种恐惧更有可能大肆破坏人的身心。

对失去爱情的恐惧或许要追溯到石器时代，那时候，男人要靠蛮力赢得女人。至今他们还在赢得女人，只是技巧改变了。现在他们不用暴力，而改用劝诱方式，许之以华服、名车和其他比体力更有效的诱饵。男人的习性与文明曙光出现前别无二致，只是表现方式不同而已。

分析显示，女人比男人更易感受到这种恐惧。这很容易理解。

恐惧年老

主要来说，这种恐惧有两个来源：第一，认为老年将导致贫穷；第二，也是最普遍的来源，是过去错误而残酷的教训。

在人们对老年的恐惧中，有两个非常传统的理由：一是出于人对同类的不信任，因为他人可能攫取他所有的财产，二是在于他心目中对死后世界的恐怖印象。

人老后普遍会面临病痛的可能性，这也是恐惧年老的原因。情欲也在恐惧年老的原因之列，因为没有人希望性吸引力衰减。

恐惧年老的最普遍原因和可能的贫穷有关。“养老院”并不是个美好的字眼。任何人只要一想到要在养老院中度过余生，心中就不免一片凄凉。

另一个害怕年老的原因就是可能会失去自由和独立，因为伴随年老而来的可能就是丧失身体和经济两方面的自由。

恐惧死亡

对一些人来说，这是所有基本恐惧中最残酷的一种。原因很明显。数亿年来，人类一直在问“来自何处？”和“去向何方？”这是两个至今仍然没有答案的问题。所以说，对来生的无知是产生这种恐惧的主要原因。

以前，没有接受教育的人们，比较容易产生对死亡的恐惧，而现在，科学界已经揭露了世界的真相，能够让人们从死亡的恐惧中解放出来。生物学、天文学、地质学和其他相关学科的研究结果，已经让人们可以不再处于黑暗时代的恐惧中，摧毁了恐惧的源头。

对死亡的恐惧是毫无意义的。死亡终会来临，不管人们是如何想象它。把死亡当作必然来接受吧，并且要将这种想法传递到自己的思维深处。

组成这个世界的只有两种东西：物质和能量。根据基础物理，我们知道物质和能量（人类已知的两个仅有事实）都无法被毁灭或创造，而只能被转化。

如果生命是一种东西，那么它就是能量。如果能量和物质都无法被毁灭，那么生命也是如此。生命就像其他能量形式一样，可以通过不同的转化或变化过程传递下去，但无法被毁灭。死亡只是一种转化形式而已。

如果死亡不只是改变或转化，那么死亡之后就只是漫长、永恒和宁静的睡眠，而睡眠无须害怕。所以，你可以永远地消除对死亡的恐惧。

忧虑

忧虑是因恐惧而产生的一种心态，它的作用缓慢而持久。它阴险而狡猾，一步步地渗透进来，直到使人丧失健全的理智，毁掉人的自信心和进取心。忧虑是犹豫不决引起的持续性恐惧，因此是一种可以控制的心理状态。

不安定的心是无助的。犹豫不决会造成不安定的心态。大部分人缺乏果断决策和持之以恒的决心，就连在正常的经济环境下都是如此。而在经济动荡时期，人们之所以无法下定决心，不仅仅是因为自己缺乏果断决策的能力，还因为周围的人们都犹豫不决，被整体的氛围影响了。

六种基本恐惧会通过犹豫不决转化为忧虑。如果承认死亡是不可避免的，人们就能使自己永远免于死亡的恐惧；如果人们下决心无忧无虑地靠所得财富生活，人们就能消除对贫穷的恐惧；如果下决心不在意他人的想法、做法或说法，人们就可以战胜对批评的恐惧；如果下决心不再视年老为障碍，而视为会带来年轻时所没有的智慧、自制和领悟的一大幸事，人们就可以消除对年老的恐惧。

如果下决心忘掉病症，人们就可以免除对病痛的恐惧；如果下决心在必要时过没有爱的生活，人们就可以控制对失去爱的恐惧。

只要下决心去认识，生活中其实没有一样东西值得付出忧虑的代价，就能消除忧虑的习惯。有了这种决心，就能产生内心的镇定与平静，带来幸福的平和心态。

心中充满恐惧的人不仅会毁了表现自我的机会，还会将这些破坏性振动波传递给接触他的人，同时也会毁了他们的机会。

主人缺乏勇气时，就连他的狗或马也能感觉到。狗或马也能接收到主人传递出来的恐惧振动波，而且会表现出同样的情绪。智力水平较低的动物也有接收恐惧振动波的能力。蜜蜂能够立即感知到一个人的恐惧，出于未知的原因，蜜蜂就会去刺痛释放恐惧振动波的人，而不会去骚扰那些毫无恐惧的人。

恐惧的振动波会从一个人传递给另一个人，传播的速度就像人的声音从广播站传到收音机的接收装置一样。心灵感应是一个现实，一个人的思想能自发地传递给另一个人，不管这种感应是否能被发出的人或者传递的人意识到。

口头表达消极或破坏性思想的人几乎可以肯定会得到那些破坏性言语的反作用。单纯的破坏性意念冲动，如果没有经过言语的表达，也会以不止一种方式产生反作用。首先，而且或许也是最该记住的一点是，释放出破坏性意念的人一定会因创造型想象力的破坏而遭受损失。其次，心中出现破坏性情绪会导致憎恨别人，并将他们视为敌手。喜欢或释放消极思想的第三个伤害来源是，这些意念冲动不只对他人有害，也会蕴藏在自己的潜意识中，并在潜意识中成为人格的一部分。

当一个想法被释放出来的时候，它是通过各种中介四处传播的，而且会对释放出这个想法的人，产生根深蒂固的影响，永远地存在于他的潜意识里。

假设你的生活目标就是要获得成功，要成功，就必须有平和的心态。获得生活的物质需要，最重要的就是要得到幸福。成功的所有迹象始于意念冲动的形式。

你可以控制自己的意志，有权在其中注入自己选择的任何意念冲动。你有这种特权，也有责任以建设性方式使用它。你有能力控制自己的意志，也一定能掌握自己的命运。你可以影响、指引并最终控制自己的环境，创造自己想要的人生；你也可能忽视了这种特权的使用，因此将自己置身于广阔的“情况”海洋，而你自身就像海浪中的小木屑，随波逐流，漂无定所。

第 十 六 章

第七种恐惧——魔鬼的工厂

你目前能够绝对掌控在手里的只有一样东西，那就是你的思想。在我们人类所有已知的事物当中，思想是最具有意义和鼓舞精神的！思想深深地反映了我们人类天生享有的神圣的特殊权利。这个特权是你能够控制自己命运的唯一的途径。

除了六种最基本的恐惧之外，还有一种心魔，人们可能饱受其煎熬。这种心魔为失败的种子提供了使其疯狂生长的肥沃土壤。它的存在非常微妙，以至于通常难以被人们发现。这种心魔甚至不能被准确地定义为某一种恐惧。它隐藏得实在太深了，相比其他六种恐惧，它更为致命。因为不能更好地命名它，我们姑且称之为对负面影响的感知能力。

那些已经积累了巨大财富的人总是试图保护自己避开这种心魔，但是贫穷的人却远远没有做到。要知道，成功的人向来会随时准备好武装自己的头脑，去抵抗这种负面影响的心魔。假如你是为了致富而阅读这本书的话，那么你就应该非常仔细地、谨慎地反省自己，确定自己是否非常容易受到负面影响。如果你忽视了这种自我的心理分析，最终你将会无法得到你自己内心曾非常渴望获得的财富。

要进行彻底的、谨慎的分析研究。当你在阅读完那些准备好进行自我分析的问题之后，你需要严格地按照答案来衡量自己。尽可能仔细地完成这个任务吧，你会知道还有很多敌人在暗处等着伏击你。然后尽可能仔细地解决自己的问题，否则还会有更多实实在在的敌人出现，这些敌人可是会伺机来攻击你的缺点。

你能够很容易地保护自己免受公路强盗的袭击，这是因为有法律法规保护你的合法利益，但我们对“第七种心魔”的掌控却是非常困难的。这是由于它可以在你毫无觉察的情况下，轻而易举地侵入你的思维，比如在你熟睡中，更有甚者，即使在你清醒的情况下也会被袭击。更进一步来说，这种负面影响的思想作为一种武器来说是无形的，因为它所包含的可能仅仅是一种思维的存在。这种心魔也是非常危险的，因为它能够以多种多样的形态存在于我们人类的生活经历当中。有时候，这种心魔也会通过身边亲人的话语进入自我的思维中去。有时候心魔也会在内部自行产生，比如通过一个人正常的内在精神态度。通常情况下，心魔就像一种催人致死的毒药一样，虽然它不会很快地杀死这个人。

如何抵御负面影响？

到底该如何保护自己免受负面思维的影响呢？你要时刻保护自己免受负面的影响，无论是你自己制造的，还是那些在你周围充满负面影响的人带来的，更要清醒地意识到你自己拥有充满希望的意志，并把这种希望意志持续不断地运用起来，直到它在你的潜意识里构建起一面免受负面思维影响的铜墙铁壁。

你要意识到的事实是，你和每一个人一样都天生懒惰、冷漠，而且更易于接受所有的建议来克服你们的弱点。

同时，你也要意识到，你先天就更易于受到六种基本恐惧的侵袭，然而你也可以培养一些习惯来克服这些恐惧。当然，负面的影响常常会通过你的潜意识来作祟，因此它们是很难被探测到的，所以你要让自己的思维将那些以任何消极的形式影响你或者阻挠你的人通通拒之门外。

谨慎地寻找那些影响你思考和行动的伙伴吧。不要害怕麻烦，虽然烦琐，但是结果一定不会让你失望。

毫无疑问，人类最普遍的弱点就是，我们自己的思维在那些具有负面影响的人面前是毫不设防的。而这个致命的弱点是非常具有毁灭性的，因为大部分人都没有意识到自己已经被负面影响所侵袭了，而且即使许许多多了解它的人也非常容易忽视或者拒绝修正这种心魔，直到这种心魔成为我们日常生活中的一个不可控制、不由自主的习惯。

为了帮助那些希望看到自己真实面目的人，我准备了下列问题。阅读这些问题然后大声地陈述你的回答，这样你可以听到来自内心的声音，更易于认识真实的自己。

1. 你经常抱怨自己“感觉很糟糕”，如果确实是这样的话，反思原因是什么。

2. 你经常稍有风吹草动就草木皆兵挑剔别人的过错吗？

3. 在工作中，你会频繁地犯错误吗？如果是这样，为什么？

4. 在与他人的谈话中，你经常讽刺和攻击别人吗？

5. 你曾经故意避免和他人接触吗？如果是这样，为什么？

6. 你经常会消化不良吗？如果是这样，原因是什么？

7. 你是否觉得生活看起来是徒劳的，并且未来对你来说是毫无希望的？如果是这样，为什么会有这种想法？

8. 你喜欢目前的职位吗？如果不喜欢，为什么？

9. 你经常感到自己很可怜、很痛苦吗？如果是这样，为什么？

10. 你会羡慕或者嫉妒那些比你优秀的人吗？

11. 你通常花费大部分的时间来思考成功还是失败？

12. 当你慢慢变老的时候，你是逐渐获得信心还是失去信心？

13. 你曾从一些失误中学习到有价值的东西吗？

14. 你曾让你的一些亲戚或者熟人担心过你吗？如果有，为什么？

15. 你有时候会“云里雾里”，或者会深陷在失望的深渊里吗？

16. 在你的人生中，什么人从你这里得到过最积极的影响？原因是什么？

17. 你有过容忍本可以避免的负面或者消极影响的经历吗？

18. 你是否对自己的形象毫不在意？如果是这样，从什么时候开始的，原因又是什么？

19. 你是否知道通过使自身忙碌起来可以避免沉溺于各种麻烦当中？

20. 如果你曾经称自己是一个“没有骨气的弱者”，你是否也允许其他人这么定位你？

21. 你曾忽视过“内在的情绪也会使自己生病或者变得急躁”吗？

22. 有多少因素干扰或者骚扰过你，又是什么让你能够容忍这些干扰和骚扰呢？

23. 你曾借助酒精、香烟或者毒品来“镇定自己的神经”吗？如果有过这样的经历，为什么你不尝试着使用希望意志呢？

24. 有人诋毁或者议论过你吗？如果有的话，原因又是什么？

25. 你是否曾经有过一个明确的、主要的目的？如果有的话，这个目的是什么？你做过什么计划来努力达到这个目的吗？

26. 你是否经受过六种基本恐惧中的一种？如果有，是哪一种恐惧呢？

27. 你是否有一种独特的方式来保护自己免受其他带有负面情绪的人的影响呢？

28. 你是否使用过积极的自我暗示，来使自己变得积极乐观？

29. 你更看重哪种价值观？是你的物质财富还是你控制自己思维的能力？

30. 他人是否轻易就能影响你，比如说影响你的判断等？

31. 你今天是否在你的股票知识方面或者精神方面获得一些新的价值？

32. 你曾遭遇过让你不愉快或者逃避责任的情况吗？

33. 你曾经分析过所有的错误和失败，试图从中受益吗？还是你一向摆出一副事不关己的态度呢？

34. 你能说出三个你认为最具危害性的弱点吗？你准备如何克服它们呢？

35. 你是否会出于同情而鼓励其他人把他们的忧虑倾诉给你？

36. 你是否会从日常生活经验中选择一些对提高自我有帮助的经验教训或者影响呢？

37. 你的日常表现通常会给其他人带来负面消极的影响吗？

38. 你最讨厌别人的什么习惯？

39. 你通常会有自己的主见，还是很容易受到他人的影响？

40. 你是否已经学会自己营造出一种精神状态，用来抵抗那些令人沮丧气馁的影响力？

41. 你所从事的工作能够激发你的信心和希望吗？

42. 你是否能够意识到自己拥有足够的精神力量，从而使自己的内心免于承受各式各样的恐惧呢？

43. 你的宗教信仰能够帮助你常常保持积极的精神状态吗？

44. 你认为自己有责任和义务去分担其他人的忧虑吗？如果有，这又是为什么？

45. 如果你相信“物以类聚，人以群分”，那么通过分析被你所吸引的周围朋友，你对自己有什么样的认识呢？

46. 你和与你交往最密切的熟人朋友维持的是一种什么样的关系？那么你们之间的这种关系是否有可能造成什么不愉快的经历呢？

47. 你是否考虑过那些你视为朋友的人可能是你的最大敌人，因为他（或她）可能给你带来一些负面、消极的影响？

48. 你通过使用什么原则来判断什么人对你有帮助，而什么人对你没有益处？

49. 你在工作中最为亲密的伙伴比你优秀还是比你落后？

50. 在一整天的 24 小时之中，你可能会花多少时间来做以下事情：

a. 投入工作

b. 睡眠休息

c. 娱乐休闲

d. 获取一些有用的知识技能

e. 无所事事，什么也不做

51. 你的朋友当中，有谁是这样的：

a. 最能鼓励到你

b. 最能警醒你

c. 最能打击你的积极性

d. 最能在其他方面帮助你

52. 最让你忧心忡忡的事情是什么？你为什么要容忍它呢？

53. 当别人主动给你提供一些免费的建议时，你是毫无疑问地接受，还是会分析别人这么做的原因是什么？

54. 你最渴望拥有的东西是什么？你有做好计划拥有它吗？你是否愿意为了它而压抑其他的愿望？为了得到它，你每天愿意投入多少时间？

55. 你会经常改变自己的主意吗？如果是这样，为什么？

56. 你做事情，通常一旦开始就会坚持完成吗？

57. 你是否很容易就对其他人的事业或职业头衔、学位或者财富而心生敬意呢？

58. 你是否很容易受到他人对你的评价或者看法的影响？

59. 你是否会因为别人的社会或经济地位而迎合他们？

60. 你认为谁是当今最伟大的人？你认为这个人在哪些方面比你优秀出众呢？

61. 你究竟会花多少时间去研究和回答这些问题呢？（我认为分析和回答列出的全部问题至少需要一天的时间吧。）

假如你已经如实地回答了以上所有的问题，那么你将会比绝大多数人更加了解自己。仔细研究这些问题，每周都回顾一遍，如此反复坚持几个月，然后你会惊讶地发现，只需要通过采用如此简单的方法就能够获得极其丰富又珍贵的自我认识，而这个只需要你如实回答以上问题而已。假如对其中一些问题的答案犹豫不决、模棱两可，你可以请教一下那些了解你的人，特别是那些没有也不需要对你巴结和奉承的人，试着从他们的眼中反观自己。这将会是一种出人意料又意义非凡的体验。

你唯一能绝对掌控的东西

你目前能够绝对掌控在手里的只有一样东西，那就是你的思想。在我们人类所有已知的事物当中，思想是最具有意义和鼓舞精神的！思想深深地反映了我们人类天生享有的神圣的特殊权利。这个特权是你能够控制自己命运的唯一的途径。如果你无法很好地掌控自己的思想，那么你也一定没有办法控制其他东西。

如果你一定要如此轻易又粗心地处理本属于自己的宝贵财富，那么它将只是你物质层面上的东西。你永远都要牢牢记住——“思想才是你最宝贵的精神财富！”要非常谨慎小心地保护和使用这种上天赐予我们的宝贵财富。为了这个目的，你生来就被赋予了希望的力量。

不幸的是，现在并没有法律来制裁那些通过消极负面的思想来毒害他人心理的人，不管他们这样做是出于有意的行为还是无心之举。这种负面消极的行为其实应该受到法律的严厉惩罚，因为它常常可以破坏我们个人获得合法的物质财富的机会。

那些有消极思想的人常常试图使托马斯·爱迪生相信他自己是没办法创造出一种可以录制和播放声音的机器来的。“因为，”他们这样说道，“没有人曾经制造过类似这样的机器。”爱迪生并不相信他们，他深深地知道：“人是可以创造出任何他能够想象出来的东西的。”正因为具有这种崇高而深刻的认识，爱迪生的智慧才高于常人。

那些有消极思想的人也曾告诉过伍尔沃斯，如果他试图经营一家小杂货店，他一定会破产的。结果伍尔沃斯不相信他们的话，他深深地知道，他可以做成任何事情，只要有足够的信心支持自己的计划。于是他充分运用自己的能力使自己远离了其他人的消极影响，最后成了亿万富翁。

那些有消极思想的人曾经告诉过乔治·华盛顿，他是没有办法战胜大批的英国贵族军队的，但是他坚信自己有神圣的天赋，就是具备必须胜利的信念。因此这本书的出版可以在星条旗的保护之下，然而康沃利斯侯爵的名字已经被历史遗忘。

那些心存怀疑的人曾经轻蔑地嘲笑亨利·福特，当他试图在底特律的街道上试验他所制造出来的车的雏形时。那些带有消极思想的人说，这种东西绝对不实用，而有些人也笃定地说：“没有人会愿意花钱买这种东西的。”福特却说：“我一定要制造出实用的汽车。”事实上他的确做到了！“相信自己的判断”这个决定使福特积累的财富远远超过其后五代继承人。亨利·福特之所以被频繁地提及，正因为他是一个典型的可以完美控制自己思想的例子。他曾经说过："我从来没有一个机会。"的确，福特从来没有一个机会，但是他给自己创造了一个机会，坚持和信念一直支持着他，直到让他比大富豪还要富裕。

思想的控制是自律和习惯的结果。如果你不能控制自己的思想，它们就会反过来控制你，两者互不妥协。而控制思想最实际的一个办法就是让它保持持续忙碌的习惯，让它为了最终的目标而忙于付诸行动、积极计划起来。当你仔细地研究一些成功人士的记录，你就会注意到是他们这些成功的人牢牢地掌握了自己的思想，更为甚者，他们还可以自如地运用这种控制能力，并且指导它实现自己明确的目标。如果没有这种惊人的控制力，他们也就不可能最终成功。

55 种常用的"要是……就好了"借口

那些不成功的人都有一个显著的共性，他们知道自己所有失败的原因，而且也都有自认为无懈可击的借口来为自己没有获得成就进行辩解。

这其中有些借口是很聪明的，甚至有些都有事实可以进行验证，但借口不能当作金钱来使用。面对这些借口，我只想问一句：你是否已经获得了成功？

一名个性分析专家曾经编写了一份最常被人使用的借口清单。当你阅读这份清单的时候，请你认真地、仔细地反省自己，试着找出里面有多少项借口为你所用。另外请务必记得，我在这本书中提出的哲学原理将会使以下任何一条借口都失去用武之地：

1. 如果我没有丈夫（或者妻子）组建家庭的话就好了……

2. 要是我有足够的能力就好了……

3. 要是我有很多钱就好了……

4. 要是我接受过良好的教育就好了……

5. 要是我能够找到一份满意的工作就好了……

6. 要是我身体健康就好了……

7. 要是我有时间就好了……

8. 要是我能赶上一个好时代就好了……

9. 要是别人能够理解我就好了……

10. 要是我周围的条件不是现在这样就好了……

11. 要是能够重新生活过一遍就好了……

12. 要是我一点儿也不在乎别人怎么说我就好了……

13. 要是我能再有一个机会就好了……

14. 要是我现在能有一个机会就好了……

15. 要是其他人没有对我怀恨在心就好了……

16. 要是没有什么能阻碍我就好了……

17. 要是我能够更加年轻一点儿就好了……

18. 要是我可以做自己想做的事情就好了……

19. 要是我生来就富裕就好了……

20. 要是我能够遇到合适的人就好了……

21. 要是我能具有其他人那样的才能和天赋就好了……

22. 要是我敢于维护自己的权益就好了……

23. 要是我能抓住过去的机会就好了……

24. 要是没有人能让我紧张就好了……

25. 要是我可以不待在家里做家务、照顾小孩子就好了……

26. 要是我可以攒更多的钱就好了……

27. 要是我的老板赏识我就好了……
28. 要是我有其他人的帮助就好了……
29. 要是我的家人能够理解我就好了……
30. 要是我居住在一座大城市就好了……
31. 要是我可以重新开始就好了……
32. 要是我能够自由就好了……
33. 要是我有某个人的个性就好了……
34. 要是我不这么肥胖就好了……
35. 要是别人能够知道我的才能就好了……
36. 要是我有足够的运气就好了……
37. 要是我能够摆脱我的债务就好了……
38. 要是我没有失败过就好了……
39. 要是我知道该怎么继续做就好了……
40. 要是没有人反对我就好了……
41. 要是我没有这么多的忧虑就好了……
42. 要是我能够嫁给（娶到）一个正确的人就好了……
43. 要是人们没有这么愚蠢就好了……
44. 要是我的家庭不这么奢侈就好了……
45. 要是我对自己有十足的把握就好了……
46. 要是我没有这么不幸就好了……
47. 要是我不是这样生来就命运不佳就好了……
48. 要是事情该怎么样就怎么样就好了……
49. 要是我不需要这么努力拼命地工作就好了……
50. 要是我没有丢失我的钱就好了……
51. 要是我住在另外一个社区就好了……

52. 要是我没有一个糟糕的过去就好了……

53. 要是我有自己的事业就好了……

54. 要是其他人可以听从我的意见就好了……

55. 要是（这是最重要的一条）……要是我有勇气去认清自己到底是谁就好了，我将会发现自己的不足，然后改正它……那么我可能会从我的失败经验中得到一个机会去赚钱，并且学习其他一些人的经验教训，因为我深切地知道自己有很多的问题和毛病。假如我曾经多花费一些时间来分析自己的弱点，少花些时间来寻找借口用以掩饰自己的弱点，现在早就应该实现自己理想的个人境界了。

寻找各种各样的借口，并且用这些借口来为我们自己的失败做掩护和辩解，这是所有人都无法改掉的一个毛病。这个习惯自古以来就一直存在，而且它成为走向成功的最大阻碍！那为什么我们人类还要死死守护着这些借口呢？答案是明显的。这些找借口的人依旧守护着自己的借口，正因为这些借口都是由他们创造出来的！一个人的借口就是他自己想象力的产物，而人类的天性就是要保护自己思想的产物，就像本能地保护自己的孩子一样。

随意编造借口是一个根深蒂固的坏习惯。而习惯是很难破除的，尤其是当这些借口可以为我们的行为提供辩解时，更是这样。柏拉图是懂得这样的真理的，他是这样描述的："最重要也是最大的胜利就是战胜自我。被自我征服，是所有事情中最羞耻也是最无可救药的一件事。"

另一位哲学家也有相同的见解。他是这样说的："对我来说，这是非常惊讶的事情，即我在别人身上看到的大部分的丑恶状态，竟然只是自己本性的反映。"

"这对我来说实在是一种困惑，"艾伯特·哈伯德说，"为什么人们要花费这么多的时间，故意制造各种各样的借口，拼命地掩饰自己的弱点来愚弄和欺骗自己呢？如果把这些时间用在别的地方，那么花费同样的时间就足以克服自己的弱点，这样的话，人们今后也就再也不需要找任何借口了吧。”

在本书即将结尾的时候，我想要提醒你的是：“生命就如同一盘棋，而你的对手就是时间。如果你在下棋的时候犹豫不决、举棋不定，或者说完全忽视了在适当的时机落子这件事，你的棋子将会被时间吃掉。因为你正在与一个不能容忍犹豫不决的对手也就是时间下棋！”

从前，你可能有一个合理的、符合逻辑的借口，为没有迫使自己设法得到所需的一切而辩解，但现在那个借口已经一点儿用处也没有了，因为你已经掌握了一把开启你人生财富之门的金钥匙。

这是一把无形的金钥匙，但是它的力量非常强大！它就是在你心中能够创造出强烈渴望的、能够让你获得一种确定的财富的能力。使用这把金钥匙是不会受到惩罚的，而如果你不使用它的话，则需要付出更大的代价，而这个代价就是失败。反过来，如果你能够使用这把金钥匙，你就会得到出人意料的巨大回报。而这个回报就是自己内心的满足感，这种满足感只属于那些能够征服自我、付出之后向生活索取回报的人。

而这种回报是值得努力的，你坚信吗？

“如果有缘分的话，”伟大而不朽的爱默生曾经说过，“我们一定会再次相遇。”最后在结束的时候，让我借用他的思想说给大家听吧：“假如有缘分的话，通过这本书，我们已经相遇了！”